KB254028

이원만처럼

대한민국을 바꾼 경제거인 시리즈 ❽

이원만처럼

대한민국을 바꾼 경제거인 시리즈 ❽

초판 1쇄 발행 | 2013년 9월 13일

저   자 | 박시온
감   수 | 나공묵
발   행   인 | 김영희
발   행   처 | (주)FKI미디어 www.fkimedia.co.kr
기획 · 마케팅 | 신현숙, 권두리
디   자   인 | 이보림, 한동귀, 문강건, 이현주, 이소영
편   집 | 박지혜, 민서영, 변호이, 정혜원
등   록 | 13-860호
주   소 | 150-742 서울 영등포구 여의도동 27-2
전   화 | 출판콘텐츠팀: 02-3771-0228 / 영업팀: 02-3771-0245
팩   스 | 02-3771-0138
E - m a i l | jipark@fkimedia.co.kr
I   S   B · N | 978-89-6374-057-7 04320
정   가 | 12,500원

| 낙장 및 파본 도서는 바꿔 드립니다.
| 이 책 내용의 전부 또는 일부를 재사용하려면 반드시 FKI미디어의 동의를 받아야 합니다.

이 도서의 국립중앙도서관 출판시도서목록(CIP)은 e-CIP홈페이지(http://www.nl.go.kr/ecip)와 국가자료공동목록시스템(http://www.nl.go.kr/kolisnet)에서 이용하실 수 있습니다. (CIP제어번호: CIP2013016105)

이원만처럼

나일론에서 쏘아올린 **섬유 강국의 신화**

박시온 지음
나공묵 감수

　코오롱그룹을 만든 고(故) 오운(五雲) 이원만 회장님은 성공한 기업가인 동시에 국가 경제발전을 이끌었던 산업인이었으며 대한민국의 미래를 걱정하며 나아갈 길을 제시했던 정치인이기도 했습니다.

　그분을 모시고 함께 일했던 제가 코오롱그룹 창업주인 이원만 회장님의 도전과 성공이 담긴 『이원만처럼』의 감수를 맡게 되어 무척이나 감개무량합니다. 아울러 한 장 한 장을 읽으며 떠오르는 아련한 옛 생각에 흐뭇함을 금할 길이 없습니다.

　코오롱그룹에 1961년도에 입사해 50여 년이 지난 지금까지 코오롱에 몸담고 있으면서 오랜 세월 동안 곁에서 지켜봤던 이원만 회장님은 정말 큰 그릇이었습니다. 시원시원하며 호방한 성격에 뛰어난 유머감각을 가진 이원만 회장님의 주위에는 늘 사람들이 끊이지 않았고, 사업상 중요한 결단을 내릴 때에는 특유의 동물적 감각으로 뛰어난 결단력을 보여주었습니다. 이러한 이원만 회장님의 리더십은 코오롱그룹의 성장과 발전에 크나큰 영향을 주었다고 생각합니다.

　이원만 회장님은 살아생전에 사업을 크게 네 가지로 구분하셨습니다. 바로 '상지상(上之上)', '상지하(上之下)', '하지상(下之上)', '하지하(下之下)'입니다. 이 중 제일 좋은 사업은 나라도 잘되고 자기도 잘되는 사업, 즉 '상지상'입니다. 그 다음은 나라는 잘되는데 자기는 이익이 없는 사업을 '상지하'라고 볼 수 있습니다. 그 다음 사업은 '하지상'으로 나라를 망치고 자기만 잘되는 사업입니다. 제일 나쁜 사업으로 꼽히는 '하지하'는 나라도 망치고 자기도 망하는 밀수와 같은 사업입니다.

이 상지상이라는 단어에 이원만 회장님의 경영철학이 모두 들어있다고 해도 과언이 아닙니다. 이원만 회장님은 "제대로 된 기업가라면 상지상의 사업을 해야 할 것이다"라며 나라도 잘되고, 자신도 잘되기 위해 최선을 다했습니다. 이번에 발행하는 『이원만처럼』에 담겨있는 이야기에도 바로 이 상지상의 정신이 고스란히 녹아있습니다.

코오롱에 입사한 지 얼마 지나지 않았던 1963년에 우리나라 최초의 나일론 원사공장이 세워졌는데, 그때 준공식장에서 한 이원만 회장님의 말씀이 생생합니다.

"나는 우리 동포들에게 의복을 주자고 결심했습니다. 헐하고 질긴 의복을 우리 동포들에게 입히고, 부녀자들을 빨래의 고통에서 해방시키고, 부녀자들의 양말 뒤꿈치를 꿰매는 고역의 생애를 그렇게 하지 않고 편하게 살 수 있는 생애로 전환시키려고 했습니다. 그리하여 나는 오늘 한국에서 처음으로 나일론 원사를 생산했습니다. 옛날부터 전해 내려오는 말 그대로 인간생활에서는 의복이 날개입니다. 우리 민족도 잘 입고 떳떳이 밖으로 나가 세계의 다른 민족과 경쟁해 이겨야 합니다."

이원만 회장님의 바람대로 오늘날 대한민국은 세계로 나가 다른 민족들과 떳떳이 경쟁하고 있습니다. 더 나아가 세계 그 어느 나라도 쉽게 얕보지 못하는 경쟁력을 갖춘 나라로 급성장했습니다.

흔히 대한민국의 놀라운 성장을 빗대어 '한강의 기적'이라고 합니다만, 저는 좀 다르게 '나일론의 기적'이라고 표현하고 싶습니다. 과거에 농산물, 광물 등의 자연에서 얻을 수 있는 상품을 수출하다가, 화학섬유인 나일론을 수출하면서 대한민국에 본격적인 산업화가 시작됐다고 해도 지나침이 없기에 감히 '나일론의 기적'이라고 불러봅니다.

최근의 세계 경제 위기와 유례없는 경제 저성장 기조는 당분간 우리나라의 경제상황을 어렵게 만들 것 같습니다. 이럴 때일수록 대한민국의 경제발전을 이끌었던 우리 기업인들의 창조적인 생각과 열정이 어떻게 국가의 경제 발전에 기여해왔는지 살펴보는 일은 의미 있는 일일 것입니다.

나일론으로 의생활 혁신을 일으키고, 수출산업을 이끌어 한국경제 부흥에 이바지했던 이원만 회장님의 이야기가 담긴 이 책이 자라나는 우리 청소년들에게 세상을 바라보는 혜안을 제시해주길 바랍니다. 그리고 여러분들이 언제 어디서든지 그 자리에 꼭 필요한 사람이 될 수 있도록 도와줄 수 있는 나침반이 되기를 기대해봅니다.

2013년 9월

감수자 **나공묵**

전 코오롱유화 대표이사
전 코오롱그룹 부회장
현 코오롱 상임고문

한국 '나일론 신화'의 주인공

어렸을 때, 초여름이면 과일 가게 좌판에 탐스럽게 놓인 노란 참외를 사러 가서, "참외 달아요?" 하면 아저씨가 "그럼요. 나이롱 참외예요" 하던 말이 떠오른다.

지금도 참외를 유심히 보면 '나이롱 참외' 또는 '나일론 참외'라는 스티커가 붙어있는 것을 발견할 수 있다. 1960년대 등장한 개량된 참외의 종류를 말하는 것인데, 달고 아삭아삭한 맛이 일품인 참외를 두고 '참외계의 나일론이다'라는 뜻으로 참외에 '나이롱' 또는 '나일론'이라는 이름을 붙인 것이다.

나일론은 미국의 대표적인 화학회사 듀폰(DuPont)에서 만든 합성섬유이다. 1960년대만 하더라도 대부분의 섬유가 천연섬유인 면, 마 등으로 만들어졌다. 천연섬유는 금방 헤지고 닳아서 질기고 가볍고 튼튼한 나일론은 꿈의 섬유였다. '나이롱 참외'라는 말은 나일론 양말 하나라도 구하는 것이 소원이었던 시절의 흔적이라고나 할까? 그 정도로 나일론은 인기가 좋았다.

그렇다면 대한민국의 의생활 혁신을 일으킨 나일론을 한국에 소개한 이는 누구였을까? 바로 코오롱그룹의 창업주 이원만이다.

이원만은 일제 강점기에 일본으로 건너가 신문 배달부로 일하며 힘들게 지내면서도 꿈을 잃지 않고 열심히 일했다. 어느 상황에서든 끈기와 패기로 맞섰다. 덕분에 혁신적인 아이디어로 기업을 세워나갔다. 그는 아이디어를 아이디어로만 두지 않고 상품화할 줄 안 타고난 기업가였다. 그뿐만 아니라 모든 사람에게 똑같이 주어진 기회를 행운으로 바꿀 줄 알았다. 나일론을 만나고, 한국에 소개한 것도 그런 예 가운데 하나다.

한국에서 기업활동을 시작한 이원만은 나일론에 이어 폴리에스테르까지 만들면서 화학섬유산업을 이끌었다. 그리고 정치활동을 같이함으로써 사업과 정치를 향한 자신의 두 가지 꿈을 모두 이뤘다. 이것은 이원만 혼자만의 성공이 아니라 국가적으로도 큰 보탬이 되었다는 데 그 의의가 있다. 기업가이자 정치가인 그는 창의적인 기업가적 발상을 정치에 반영했다. 공업과 수출로 가난한 우리나라를 일으켜 세우겠다며 한국과 일본 곳곳을 직접 발로 뛰었다. 그 결과, 수출산업을 이끌어 우리나라를 잘살게 한 주역인 구로 수출산업공업단지가 완성되었다. 1967년 선거유세 때, 그는 이런 말을 했다.

"지금 우리 한국인에게는 때가 왔다. 어느 사람이건 어느 나라건 간에 다 그 사람과 그 나라에 한 번씩은 때가 오는 것이다. 그 때는 놓치면 안 된다. 우리나라는 사실상 이제 무엇인가 한 번 되려고 하는 것 같다. 이 기회를 놓치지 말고 우리들은 자꾸 만들고 수출하고, 또 짓고 하면 앞으로 몇 년 안 가서 자립

할 수 있을 것이다. 방법을 결정짓기까지는 많은 토론을 해야 하고 결정된 뒤에는 같은 보조로 나아가야 한다. 가마를 메고 가는데 탄 사람과 멘 사람, 또는 앞사람과 뒷사람이 의사가 맞지 않으면 그 가마가 어디로 갈 것인가.”

산업발전을 향한 그의 빛나는 열정이 드러나는 대목이다.

1970년대부터 1980년대까지 대한민국의 수출을 이끌었던 섬유산업의 아버지, 이원만! 좋은 때를 타고 세상에 두각을 맘껏 드러냈던 ‘풍운아(風雲兒)’ 이원만! 그의 열정적인 삶 속에서 빛나는 기업가 정신을 발견하길 바라며 그의 인생 이야기를 시작해본다.

2013년 9월

저자 **박시온**

감수의 글   04
프롤로그   한국 '나일론 신화'의 주인공   07

1. 나라 사랑으로 펼친 '나일론' 혁신   13

혁신 1. 생존 본능을 깨우다

조선 사람의 설움   15
다시 일본인 속으로   30
▲ 이원만의 성공법칙 1 : 원하는 것을 향해 땡벌처럼 비상하라!   44

혁신 2. 호랑이 굴에서도 '아이디어'만 있으면 살 수 있다

운명의 아이디어   47
금의환향   58
▲ 이원만의 성공법칙 2 : '당연히'라는 말끝에 물음표를 달아라!   69

혁신 3. 재일 동포 사업가의 힘을 하나로 모으다

또 다른 꿈   71
재일 한인 경제동우회   95
▲ 이원만의 성공법칙 3 : 나 자신을 긍정하는 것이 성공의 첫걸음이다!   108

혁신 4. 나일론으로 새 시대를 열다

꿈의 섬유, 나일론   111
이원만식 위기 탈출법   119
▲ 이원만의 성공법칙 4 : 신용은 기업가의 생명이다!   127

2. 수출 대한민국! 빈곤 탈출 대작전　　129

작전 1. 빈곤 탈출, 기업가 정신으로 도전!
뽕나무밭에 세운 공장　　131
정치 입문　　137
배꼽 잡는 초보 의원　　144
▲ 이원만의 성공법칙 5 : 비가 와야 무지개도 뜬다!　　159

작전 2. 수출산업공업단지를 세우다
수출이 답이다　　161
수출 1번지, 구로동 수출산업공업단지　　175
▲ 이원만의 성공법칙 6 : 배짱을 가져라!　　186

작전 3. 화학섬유로 수출을 이끌다
폴리에스테르 시대　　189
▲ 이원만의 성공법칙 7 : 유머는 리더들의 공용어다!　　209

3. 이원만 할아버지, 질문 있습니다!　　211

에필로그　기업가 정신으로 일군 수출 대한민국　　220
부　　　록　오운 이원만 회장 연보　　222
참고문헌　　232

1. 나라 사랑으로 펼친 '나일론' 혁신

언어와 문화가 다른 나라에서 사는 것은 누구에게나 쉽지 않은 일이다. 과거에 전쟁 때문에 다른 나라로 건너갈 수밖에 없었던 재일 동포들은 더했다. 일본이 자신들의 땅에서 일을 시키려고 1939년부터 1945년까지 강제로 끌고 간 조선 사람들은 146만 명에 가까운 것으로 조사되었다. 또는 일제의 수탈로 생활의 터전을 잃어버려 어쩔 수 없이 일본으로 건너간 사람도 있었다. 이렇게 일본에서 살게 된 조선 사람들은 주로 탄광·금속광산·토건·군수공장에서 혹독하게 일하면서 '조센징'이라 불리며 멸시를 받았다.

그런 환경에서 조선 사람이 사업가로 성공을 꿈꾼다는 것은 하늘의 별따기보다 어려운 일이었다. 그러나 이원만은 해냈다. 나일론보다 질기고 강한 그의 도전 정신, 신념, 빛나는 생각이 있었기에 가능한 일이었다.

생존 본능을 깨우다

나를 욕하는 사람은 내 스승이다.

내가 모르는 내 잘못을 가르쳐주기 때문이다.

조선 사람의 설움

신문 배달원

　　　　　　　　　"왜 내겐 언제나 생선 대가리만 주는 거요? 이건 차별입니다!"

　소리를 버럭 지른 것은 신문 배급소에 온 지 얼마 안 된 배달원인 이원만이었다. 그는 작은 몸집을 가졌지만 단단해보이는 사람이었다. 일본 오사카 시내 구석에 자리 잡은 이 신문 배급소에는 수십여 명의 직원이 기숙사에 모여 살고 있었는데 그들은 그곳에서 먹고 자는 것을 해결했다.

　저녁 반찬으로 정어리 구이가 나왔다. 신문 배급소 배달원들은 새벽부터 늦은 저녁까지 자신이 맡은 배달 구역을 달리느라 몹시 배가 고픈 상태였다. 그들에게 기름기가 많은 정어리는 배부른 느낌을 주는 최고의 반찬이었다. 그런데 이원만의 식판에는 정어리 대가리만 놓여있었다. 그는 몹시 분한 표정이었다. 소리를 지른 이원만과 반찬을 나누어주던 식모에게 모두의 시선이 쏠렸다. 반찬을 나누어주던 늙은 식모가 눈초리를 치키며 받아

쳤다.

"최고의 반찬을 주었는데 차별이라니?"

"최고의 반찬이요? 이런 대가리 따위가 무슨 최고의 반찬이란 말이오? 당신들은 '오가시라쓰끼'라고 해서 생선을 통으로 구워 일인용 쟁반에 담아내면 최고의 반찬으로 생각한다고 들었소. 하지만 이건 경우가 다릅니다!"

"어허, 이 양반 생선 먹을 줄 모르네. 생선은 대가리 맛이 으뜸이오! 어두일미(魚頭一味, 물고기는 머리 쪽이 가장 맛있다는 뜻)라는 말도 모르시오?"

"뭐라고요? 어두일미?"

"그래요. 어두일미! 대가리는 맛도 있고 영양이 좋아서 으레 높은 사람이나 일 잘하는 사람들에게 주는 거요. 아휴, 조선 사람이라 그런 것도 모르나 보네."

주변에서 '와하하' 하는 웃음소리가 들렸다. 이원만은 기가 막히고 얼굴이 화끈 달아올랐다.

"특별 대접까지 받고 뭘 그리 서 있소?"

뒤에 줄을 선 일본인 직원이 조롱하듯 말했다. 다른 한국인 배달원들은 이원만에게 '이제 그만하고 앉으시오'라는 눈짓을 보냈다. 그들의 식판에도 정어리 대가리가 놓여있었다. 일본 사람들이 한국 사람이라고 차별해놓고, 조롱하는 것이 틀림없었지만 이원만이 더 따질 수 있는 상황이 아니었다. 그는 하는 수 없이 생선 머리를 씹으며 분을 삭였다.

이원만은 밤이 깊어 잠자리에 들어서도 쉽게 잠을 이루지 못했다. 그는 얼마 전까지만 해도 경상북도 포항시 신광면에서 양반 집안의 자손이라고

귀하게 대접받으며 어려움 없이 살았다. 다른 나라에서 이런 취급을 받는 것이 서럽고, 억울했다.

'내가 생선 한 마리도 제대로 먹지 못하려고 이곳까지 왔는가?'

그는 일본행을 결심했던 그날을 떠올렸다. 1933년 봄이었다.

"여보, 왜 밥을 드시다 마세요?"

"많이 먹었소. 그만 나가보리다."

"오늘은 쉬는 날인데 어딜 가시려고요?"

걱정하는 아내를 뒤로 하고 이원만은 집을 나섰다.

이원만은 몇 달째 입맛이 없었다. 출근길에 만나는 또래들은 담뱃대를 물고 팔자걸음을 하고 다녔다. 집이 가난하든 부유하든 다들 나름대로 만족스러운 삶을 사는 것 같았다. 그런데 이원만은 자신의 생활이 지루하기만 했다.

무료한 일상을 보내던 이원만은 집 주변에 있는 비학산에 올랐다. 비학산은 그 지역에서 이름난 산으로 그가 어려서부터 자주 찾던 곳이었다. 산에서 내려다보면 동쪽으로 멀리 바다가 보였다. 부옇게 가물거리는 바다와 수평선을 보면서 그의 가슴은 알 수 없는 세상을 향한 상상으로 부풀어 올랐다. 그러나 그는 10년째 고향 근처를 벗어나지 못하고 산림기수보(山林技手補, 산에서 나는 자원들을 관리하는 일을 하는 사람)로 일하고 있었다. 월급도 꼬박꼬박 나오는 남부럽시 않은 직장이었지만, 그에게는 더 이상 미련이 없는 곳이었다.

이원만의 발 아래로 솔방울이 떼굴떼굴 굴러왔다. 그는 솔방울을 집으며 자기도 모르게 한숨을 쉬었다. 그가 10년을 산에서 일하면서 깨달은 것 가운데 하나는 솔방울 씨는 때가 되면 사방팔방으로 날아가게 마련이고, 그 씨는 제 나무 밑에 떨어지면 살 수가 없다는 사실이었다.

갑자기 친구 정만수의 얼굴이 떠올랐다. 일본에 다녀온 그는 몰라보게 달라져 있었다. 얼굴이 매끈매끈했고 광이 났다. 피죽도 못 먹고 지내던 예전 모습을 찾아보기가 어려웠다. 그는 일본에 가면 일자리를 구하기 쉽고 머리만 잘 쓰면 누구라도 돈을 벌 기회가 있다고 했다. 스물아홉 살도 늦지 않았다는 정만수의 말이 이원만의 귓가에 맴돌았다.

'사내대장부가 가정에서 부모의 사랑만 받고 안락하게 지내면 크게 될 수 없다. 고향을 떠나 타향에 가야 포부를 펼칠 수 있다. 만주든 일본이든 새로운 세상을 찾아가야 한다. 말 못하는 소나무도 떠나는데, 나라고 못 할까?'

이원만은 결국 마음을 굳히고, 산을 내려와 식구들에게 자신의 생각을 말했다.

"오냐, 일본이든 어디든 가거라. 하고 싶으면 해야지. 오색구름이 바다를 건너가는 태몽을 꾸었을 때부터 예사롭지 않았다. 지금까지도 잘해왔으니 앞으로도 잘해낼 것이다."

어머니를 비롯한 식구들은 이원만과 헤어지게 되어 가슴 아파했지만 그를 보내주었다. 반대할 줄만 알고 각오를 단단히 했던 이원만은 의외의 반응에 눈물을 흘리면서도 좋아서 팔짝 뛰었다. 그렇게 이원만은 스물아홉 살에 한국을 떠났다.

1933년, 일본 오사카에는 조선 사람들이 많았다. 일제(일본 제국주의의 줄임말, 제국주의란 군사력과 경제력으로 다른 나라와 민족을 정벌해 대국가를 건설하려는 침략주의를 말한다)가 조선을 대상으로 경제 수탈 정책을 펼쳤기 때문에 농토도 부족했고, 일자리도 없었다. 일본에 땅을 빼앗긴 농민들, 일자리를 빼앗긴 많은 사람들이 만주로 가거나 가까운 일본으로 왔다. 그러나 그들이 다른 나라에서 구할 수 있는 직업이란 그 나라 사람들이 꺼리는 허드렛일뿐이었다. 새벽부터 늦은 밤까지 무거운 신문을 어깨에 메고 배달하는 것도 그런 일 가운데 하나였다.

일본 사람들은 한국 사람들을 '조센징(조선 사람을 낮추어 부르는 일본말)', '후떼이센징(불온하고 막 돼먹은 조선 사람이라는 일본말)'이라 부르며 업신여겼다. 그러면서 중요하거나 기술을 배울 수 있는 일은 맡기지 않았다. 어떤 사람은 일본에 큰 지진이 났을 때 조선 사람들이 우물에 독을 타고, 불을 질러서 일본 군인이 조선 사람들을 닥치는 대로 잡아 죽였다고도 했다. 이원만은 이런 현실을 받아들이기 어려웠다.

'겉으로는 조선 사람을 위한 한일합방이라고 떠들어대면서 이렇게 차별하다니!'

이원만이 배달하는 신문에 난 기사만 보아도 그런 차별은 뚜렷하게 나타났다. 똑같은 범죄도 조선 사람이 한 일은 대문짝만 하게 실렸다. 기사만 읽으면 조선 사람들은 모두 무식하고 위험한 것처럼 보였다. 이원만이 일하는 신문 배급소에도 조선에 대한 편견과 차별이 가득했다.

하루는 이원만이 평소와 같이 새벽 5시에 일어나 동료들과 함께 '함삐(반코트처럼 생긴 옷)'를 입고 어깨에 띠를 메고 신문을 짊어지고 나갔다. 배달을 시작하자마자 추적추적 비가 내리기 시작했다. 곳곳에서 개들이 짖어대고 신문은 빗물에 젖어 점점 무거워졌다. 어떤 것은 찢어지기도 했지만 비가 너무 많이 내려 그대로 배달할 수밖에 없었다. 일을 마치고 배급소에 돌아갔는데, 배달 소장이 대뜸 그에게 소리를 질렀다.

"책임감이 없는 건가, 머리가 나쁜 건가? 어떻게든 신문이 젖지 않은 상태로 배달해야지! 이렇게 젖어서 흐물흐물한 신문을 어떻게 읽어? 하여튼 조센징들이란 별 수 없다니까."

다른 이유도 아니고 조선 사람이라서 신문을 책임감 없게 돌렸다는 말을 들은 이원만은 주먹을 불끈 쥐었다.

'도대체 조선 사람들이 뭘 잘못했다고 이렇게 핍박하는 거야!'

그는 더 이상 가만히 있을 수가 없었다.

기죽지 않겠소!

이튿날 저녁이었다. 식모는 보란 듯이 이원만의 식판에 또 생선 대가리를 얹어주었다. 이원만은 군소리 없이 자리로 돌아갔다. 식모는 '이봐, 별 수 없지?' 하는 표정으로 그의 뒤통수를 향해 비웃었다. 잠시 뒤에 배급소를 관리하는 소장이 소리를 질렀다.

"아니, 어째서 네가 가운데 부분을 먹고 나한테 대가리를 놓는 거야? 이런 괘씸한!"

식모가 깜짝 놀라 소리 나는 곳으로 달려갔다. 화가 난 소장이 이원만을 쳐다보며 씩씩대고 있었다. 이원만은 눈썹 하나 까딱하지 않고 태연히 말했다.

"어두일미라는 말이 있지 않습니까? 소장님을 두고 제가 대가리를 계속 먹는 것이 죄송해서 오늘은 특별히 양보해드렸는데, 왜 이리 화를 내십니까?"

"뭣이라고?"

기막혀 하는 소장 옆에서 지켜보던 식모가 얼른 자신의 입을 가렸다. 혹시 자신에게 불똥이 튀지 않을까 걱정스러웠다. 주변 사람들도 조마조마하며 서로 눈치를 보았다. 눈치를 보지 않고 서 있는 사람은 오직 이원만뿐이었다.

'한판 붙게 되어도 나는 이길 수 있다. 전혀 기죽을 일이 없어.'

그는 만약의 사태가 벌어져도 결코 지지 않을 자신이 있었다. 그는 보기에는 작아보여도 한때 고향에서 씨름으로 이름을 날렸고, 씨름에서 이겨

황소도 몇 번이나 탔었다. 노란 피부에 힘이 장군감이라 하여 사람들은 그에게 '노랑장군'이라는 별명도 붙여주었다. 잠시 후, 팽팽한 긴장을 깨고 소장이 피식 웃었다.

"좋아, 자네가 나를 대접해준 것이라니 고맙게 먹어야지. 다들 앉아서 먹자!"

소장은 정어리 대가리를 먹으면서 찡그렸던 표정을 점점 풀었다. 소장은 어제 식당에서 일어났던 소란스러웠던 일을 기억해냈다. 별로 대수롭지 않게 여겼는데, 오늘 보니 자신이 한 방 먹은 것이다. 소장은 이원만이 제법 배짱이 두둑한 사내라고 생각하며, 그를 눈여겨보았다.

표어 당선

신문 배급소에는 몇몇의 조선 사람들과 간사이대학교에 다니는 가난한 학생들이 대부분이었다. 그들은 이곳에서 돈을 벌면서 학교에 다녔다. 이원만은 일본말을 잘 못했지만, 한자로는 의사소통할 수 있었다. 어릴 때 배운 한학이 큰 힘을 발휘했다. 처음에는 조선 사람이라고 무시하던 일본인 배달원들이 그의 한문 실력을 알아보고 감탄하기 시작했다. 때로는 이원만에게 학교 숙제나 서예를 부탁하기도 했다. 붓을 들어 글자를 척척 써 내려가는 그의 모습을 일본 직원들은 신기해했다.

이원만은 신문 배달일도 잘했다. 신문 배급소의 첫째 목표는 판매 부수를 늘리는 것이었는데, 이원만의 실적은 나날이 좋아졌다. 그는 배달을 나가면 친절하게 골목에서 만나는 사람 누구에게나 고개를 숙여 인사했다. 배달하고 남은 신문은 남겨뒀다가 얼굴이 익은 사람들에게 나누어주었다.

'저 녀석, 물건이구먼!'

소장은 정어리 대가리 사건 뒤로, 이원만을 지켜보면서 열심히 일하는 그에게 호감을 가졌다. 그러던 어느날 소장이 그를 불렀다.

"너한테 좋은 일이 하나 생겼다."

"좋은 일이요?"

“그래. 아사히신문과 마이니치신문이 공동으로 전국에 신문 부수 확장 표어를 공모하고 있어. 글자 수는 열다섯 글자 안팎이야. 너는 머리가 좋고 한문 지식도 있으니 한번 도전해봐.”

이원만은 소장의 말대로 응모해보기로 했다. 그는 추운 방에 벌렁 누워서 자신이 사람들에게 했던 일을 떠올려보았다.

‘친절과 노력만 있으면 판매 부수가 높아지는 것이 당연하다. 가만있어 봐. 친절과 노력? 그래, 그거야!’

그는 벌떡 일어나 바로 붓을 들었다.

친절과 노력은 확장의 어머니다.

기적 같은 일이 벌어졌다. 이원만의 표어가 1등으로 당선된 것이다. 당선금도 300원이나 되었다. 당시에 대학을 나온 사람들도 일해서 한 달에 50원 받기 어려운 때였으니 엄청난 돈이었다.

“1등이야 1등! 수많은 응모작 중에서 자네가 1등으로 뽑혔어. 역시, 내가 사람 보는 눈은 정확하다니까.”

신문사에서 온 전화를 받고 소장이 이원만보다 더 좋아했다. 이원만의 표어가 신문에 크고 또렷하게 나왔다. 더 이상 배급소 직원 그 누구도 이원만을 무시하거나 그에게 무례한 행동을 하지 않았다. 차별을 받지 않게 되었지만, 이원만은 사표를 던졌다.

애초에 그가 신문 배급소에 온 것은 간사이대학교에 입학하고 싶은 마음 때문이었다. 그런데 일하느라 공부를 할 수 없었다. 표어에 당선되어 목돈을 쥐었으니 당분간 고생할 필요가 없었다. 이원만은 미련 없이 배급소에 작별을 고했다.

조센징의 지시는 받을 수 없소!

이원만은 거리를 나와 주변을 둘러봤다. 모두가 그에게는 신경 쓰지 않고 각자의 일을 하느라 바쁘게 움직이고 있었다. 그를 아는 사람은 아무도 없었다. 일자리를 소개해줄 만한 사람도 없었다. 그런데 표어가 당선되어 생긴 자신감 때문인지 예전처럼 막막하지 않았다. 넘치는 자신감을 가지고 그는 오사카의 번화가를 지나 산림을 관리하는 '영림서'라는 곳을 찾아갔다.

"보아하니 조선 사람 같은데, 조선 사람이 여기에 뭘 하러 온 거요?"

접수 업무를 보는 직원이 퉁명스럽게 말했다.

"일하고 싶습니다."

"일? 직원 구한다는 얘긴 못 들었는데, 혹시 소개장 같은 것이라도 있소?"

"아니요."

"사람 안 구합니다. 게다가 여기에는 조선 사람은 필요 없어요."

접수 직원은 아예 고개를 숙이고 상대해주지 않았다. 이원만은 굴하지 않았다. 일자리를 구해야만 했고, 자신이 잘할 수 있는 일은 산림에 관련된 일이었다.

"당신하고는 말을 해도 통하지 않을 것 같군요. 높은 사람을 만나고 싶습니다. 여기 책임자가 어디에 있습니까?"

"무슨 소리를 하는 거요? 그건 안 됩니다. 절대 못 만나요. 조센징이 뻔뻔스럽긴."

"뭐요? 조센징? 좋소. 조센징이 할 말이 있소. 책임자를 꼭 만나봐야겠소."

옥시각신한 끝에 이원만은 책임자와 마주하고 앉았다.

"이곳에 오기 전에 하던 일이 뭡니까?"

"신문 배달을 했습니다."

"신문 배달? 허, 참! 우리 일이랑 아무 상관도 없군. 그런데 무얼 믿고 그렇게 당당하게 잘할 수 있다는 거요?"

"일본에 오기 전 조선에서 산림 관리인으로 10년 동안이나 일했습니다. 한문 지식도 있습니다."

"산림 관리인으로 일했고, 한문 지식도 있으니 써달라?"

이원만은 주춤하거나 기가 죽으면 안 될 것 같아 더 단호하게 말했다.

"저는 꼭 일해야겠습니다. 써주십시오."

처음에는 '뭐 이런 녀석이 있나?' 하는 표정으로 보던 책임자가 단호한 이원만을 보고 잠시 생각에 잠기더니 말을 했다.

"먼 곳이라도 좋다면 자리가 하나 있는데…."

"먼 곳은 곤란합니다. 조선 사람이 많이 살고 있는 오사카에서조차 외롭고 힘든 시간을 보냈는데 다른 곳에 가서 고생하고 싶지 않습니다."

"지금 찬밥, 더운밥을 가릴 때가 아닌 것 같은데?"

"간사이대학교에 가야 합니다. 공부하기 위해서 가까운 곳에 있어야 해요. 일본말은 잘 못해도 산림에 관해서는 아는 것이 많으니 당신들도 손해는 안 입을 겁니다."

다시 한 번 간청하자 책임자는 고개를 끄덕였다. 그리고 '신지도세'라는 곳에 그의 자리를 마련해주었다. 신지도세는 항구였다. 크기도 물 빛깔도 한국의 인천항과 비슷했다.

살아있는 큰 나무가 푸른 바다에 둥둥 떠있는 모습이 이원만의 눈에 들어왔다. 그 숫자가 어마어마하게 많았다. 인부들이 그것을 육지로 끌어 올리는 작업을 하고 있었다. 책임자는 이원만이 해야 할 일을 알려주었다.

"당신은 앞으로 작업을 잘 감시하고 기록해서 한 사람, 한 사람의 작업량을 계산하시오."

"그게 다입니까?"

"그렇소."

이원만은 '더 이상 몸 쓰는 일을 하지 않아도 된다'라는 생각에 쾌재를 불렀다.

그는 곧 일을 시작했다. 눈앞에 넓게 펼쳐진 바다 때문인지 가슴이 탁 트이는 것 같았다. 인부들은 갈고리로 나무를 찍어서 끌어 올리고 어깨에 메고 육지로 올라왔다. 비틀비틀하면서도 정해진 장소까지 가지고 왔다.

일본 사람들은 땀을 뻘뻘 흘리며 일하는데 이원만은 바닷바람을 쏘면서 서서 장부에 '바를 정(正)자'를 쓰며 작업량을 기록했다. 그는 일본 노동자들과 다른 자신의 모습에 신이 났다.

일하다 보니 게으름을 피우는 인부들이 눈에 띄었다. 따끔하게 이야기를 해야겠다는 생각이 들었지만 점잖게 그들을 꾸짖었다.

"여보시오. 다른 사람은 정자가 다섯 개인데 당신은 아직 셋밖에 안 됩니다. 조금 서둘러야겠습니다."

"네!"

일본인 노동지는 예의바르게 답했다.

'관리직을 맡으니 내가 한국 사람인데도 말을 잘 듣고 나를 더 이상 우습게 생각하지 않는구나.'

이원만은 고생 끝에 낙이 온 것 같아 눈물이 다 날 지경이었다. 그런데 그런 감격은 3일을 넘기지 못했다.

출근한 지 3일 째 되는 날, 작업장의 분위기가 달라져 있었다. 일본 인부들은 이원만을 흘깃흘깃 쳐다보면서 자기들끼리 숙덕거렸다. 그리고 다음 날 작업장에 나오지 않았다. 당황한 이원만은 그 이유를 듣기 위해 상사를 찾아갔다가 인부와 상사의 대화를 듣게 되었다.

"왜 조센징이 우리를 감독합니까? 우리 일본인이 막일을 하는데 저 조센징이 종이를 들고 서서 우리한테 '이래라 저래라' 하니 이것이 말이 됩니까? 우리는 일 못하겠소!"

몇 발자국 뒤에서 그 얘기를 듣고 있던 이원만은 깜짝놀랐다. 일을 얻었다고 좋아했는데, 겨우 사흘이 지나서 일이 벌어졌으니 눈앞이 깜깜했다.

'나는 정말로 순진했구나. 조선 사람이라면 일본 땅 어디에서든 어떤 일을 해도 민족 차별을 받는 처지인데 그것도 모르고 표어 공모전에 당선되었다고 잘난 척하고 흥분하여 날뛰었으니!'

이원만은 자신을 책망하며 바다를 향하여 소리를 질렀다. 철없이 보낸 지난 세월이 주마등처럼 머릿속을 스쳐 지나갔다.

'남들처럼 땅을 잃은 것도 아니고, 일자리가 없었던 것도 아니었는데…. 아버지가 물려주신 농토만 잘 지켰어도 좋았을 것을 그랬구나. 그냥 산림 기수보로 지내면서 가족들과 오순도순 살았더라면 이런 일은 겪지 않았을 텐데, 식구들을 버리고 온 벌을 받고 있구나!'

그는 어두워질 때까지 맥없이 그렇게 주저앉아 있었다.

다시 일본인 속으로

조선 사람, 이원만의 끈기

그야말로 삼일천하(三日天下, 정권을 잡았다가 짧은 시간에 밀려남)였다. 결국 이원만은 작업장에서 쫓겨났다. 3일치 품삯을 받고 돌아가는 그의 발걸음이 천근만근이었다. 다시 갈 데가 없어졌다. 신지도세에서 쫓겨난 충격이 너무 커서 이원만은 그 뒤로 우울증에 시달렸다.

길거리의 사람들이 모두 자신을 향해 손가락질하는 것 같았다. 특히 일자리를 구하려고 하면 더럭 겁부터 났다. 길거리에서 부유해보이는 사람, 행복해보이는 사람만 보면 자신이 한없이 초라하게 느껴졌다. 그는 부둣가에서 "오또상, 도시타노" 하고 맥없이 중얼거리기도 했다. "오또상, 도시타노?"는 한국말로 "아버지, 뭘 하세요?"라는 뜻이었다. 이 말은 부산항에서 유래했다.

어떤 한국 사람이 일본인 아내와 아이를 데리고 모국에 왔다가 볼일을 마치고 일본으로 다시 돌아가려 했는데, 도항증이 없었다. 일본 사람들은 조선에 자유롭게 드나들 수 있었지만, 조선 사람들이 일본에 가려면 반드시 '도항증'이라는 증명서가 있어야 했다. 일본인 아내와 아이는 배에 올랐지만 도항증이 없는 조선 사람은 인정사정없이 배에서 쫓겨났다. 배는 떠나려 하고, 아버지는 배에 오르지 않자 애가 탄 아이가 울먹이며 했던 말이 "오또상, 도시타노?"였던 것이다.

이처럼 이원만이 본 조선 사람에 대한 차별은 그가 맞닥뜨려야 할 현실이었지만, 그는 그저 꿈에 부풀어 아직 깨닫지 못하고 있었다. 그러나 돌이키기엔 너무 늦어버린 것이다.

이원만이 겨우 정신을 차린 때는 한 달쯤 시간이 흐른 뒤였다. 길을 걷는데 나무들과 울창한 숲이 눈에 들어오기 시작했다. 고향 비학산 소나무의 솔방울 씨가 생각났다. 피시식 웃음이 새어 나왔다.

'언제까지 이렇게 백수로 지낼 수는 없어. 새롭게 시작해보는 거야!'

우연히 길거리에서 발견한 것은 주물공장이었다.

'저곳에서 일해볼까?'

그는 공장 안을 슬쩍 들여다보았다. 사람들이 땀을 뻘뻘 흘리며 일하고 있었다.

"거기, 누구요?"

안에서 사람이 나오는 기척이 들리자 이원만은 방금 전에 자신이 무슨 생각을 했는지도 모르게 도망쳐버렸다. 그러다가 골목 끝에 이르러 멈춰섰다. 도망치는 자신의 모습이 한심하기 짝이 없었다.

'내가 왜 도망치고 있지? 육체적인 노동이 싫어서? 아니야. 그보다는 일본 사람들의 따돌림이 두렵다. 그만 고향으로 돌아갈까? 그럴 수 없어. 이 꼴로 패배자처럼 돌아가긴 싫다. 그렇다면 어떻게 해야 하지?'

이원만은 혼자서 묻고 대답하기를 반복하다가 마지막에 결심했다.

'그래, 이까짓 시련도 못 이기고서 고향에 돌아가면 가족들의 얼굴을 어떻게 보겠어. 다시 해보자. 내가 그렇게 시시한 사람이 아니라는 걸 꼭 보여 주고 말겠어!'

그는 용기를 내어 발길을 돌렸다. 조금 전에 지나쳐 온 거리에는 공장들이 줄지어 있었다. 그 공장들에서 불이 번쩍번쩍 새어 나왔다. 번개 치는 것 같은 큰 소리도 들렸다. 그는 가까이 가서 인부들이 작업하는 모습을 지켜 보았다. 인부들은 쇠를 끊어내고 있었다. 같은 상황도 생각을 고쳐먹고 바라보니 달리 보였다. 기술을 배워서 고향에 가야겠다는 마음이 들었다.

그는 공장 간판을 보았다. '타카나 알루미늄 공장'이라고 적혀 있었다. 조금 떨리는 마음으로 공장 안을 들여다보니 공장 노동자들 중에는 한쪽 손이 없는 사람, 손가락이 잘린 사람들이 많았다. 공장 안에는 집채만큼 큰 프레스 기계(지렛대, 나사 따위로 누르는 힘을 이용해 원하는 모양을 찍어 내는 기계)가 오르락내리락하는데 직공들이 그 속에 주물(쇠를 녹여 거푸집에 부어 굳힌 물건)을 넣어서 주전자의 원형을 만들고 있었다. 자칫 손을 잘못 넣으면 그 사람들처럼 사고가 날지도 모른다는 생각에 이원만은 덜컥 겁이 났지만 기술을 배우겠다는 마음으로 사무실을 찾았다.

"공장에서 일하면서 기술을 배우고 싶습니다. 저를 써주십시오."

"안 됩니다."

하지만 이원만은 고집을 부렸다. 직원은 처음에는 웃으며 거절하더니 곧 언성이 높아졌다. 두 사람의 소리가 높아지자 공장장이 나왔다.

"왜 남의 공장에서 행패를 부리는 거요?"

공장장은 키가 크고 사나워보였다. 이원만은 그를 보고 움찔했지만 짐짓 아무렇지 않은 척하며 대답했다.

"나는 이 공장의 기술을 배우고 싶습니다. 꼭 좀 써주십시오."

"이 공장에서는 조선 사람을 쓰지 않소."

그는 단호하게 한 마디를 하고 다시 안쪽으로 걸어갔다. 이원만은 일부러 큰 목소리로 말했다.

"지금 당신은 당신네 임금의 정신을 무시하는 큰 잘못을 한 거요!"

“뭐야?”

우락부락한 공장장은 코에서 김을 내뿜으며 돌아섰다.

“억지로 국권을 빼앗아가 놓고 합방이라며 황족의 딸을 우리 왕자님과 결혼까지 시킨 것은 누구였소? 그래 놓고 차별을 하다니!”

“억지 쓰지 마시오.”

“억지를 쓰는 것은 당신입니다. 공장에 일자리가 없어서 쓰지 않는다면 이해하겠습니다. 그런데 조선 사람이라 쓰지 않는다니 납득이 가지 않아요. 일본 사람들은 임금이나 보통 사람들이나 모두 거짓말쟁이가 아니면 위선자인 겁니까?”

“기가 막히는구먼! 조선 사람들은 나쁜 사람이 많아서 안 쓰는 거요.”

“기가 막히는 건 접니다. 태평양같이 넓은 바다에 대마도같이 작은 섬도 있는 것 아니오? 많은 조선 사람들 중에 나쁜 사람도 한둘 있는 것입니다. 일본 사람은 나쁜 사람이 한 명도 없습니까? 그럼 당신네 나라에는 감옥이 왜 있습니까? 일본 사람 가운데에도 나쁜 사람이 있는데 왜 조선 사람만 모두 나쁜 사람이라고 몰아붙입니까? 이런 차별은 옳지 않습니다. 부끄러운 줄 아시오.”

할 말이 없어진 공장장은 어이가 없다는 듯이 서 있었다. 이원만은 태도를 조금 바꾸어 달래듯 말했다.

“저를 계속 이런 식으로 거부하면 사회적으로 큰 문제가 될 겁니다. 저도 이대로 조선에 돌아가면 이 문제를 크게 만들 겁니다. 하지만, 지금으로서는 부끄러워서 못 가겠습니다. 당신이 입장을 바꾸어서 생각해보십시오.”

"내가 겨우 그런 이유로 당신을 꼭 써야 한단 말입니까?"

공장장은 더 말해보란 듯 팔짱을 끼었다.

"저는 한문도 알고 경험도 있으니 하루라도 써보고 결정하는 건 어떻습니까?"

"아, 이것 참 곤란하게 되었네. 이렇게 질긴 조선 사람은 처음이야! 근성 하나는 대단하구먼. 그럼, 내일 아침 일곱 시에 이리로 나와보쇼."

그는 툭 던지듯 말하고 휙 가버렸다. 이원만은 이번에는 절대로 지지 않을 작정이었다.

이튿날 이원만은 아침 여섯 시 반에 공장 앞으로 가서 기다리고 있다가 일곱 시 정각에 안으로 들어갔다. 공장장은 이원만을 흘끗 보더니 귀찮다는 듯 말했다.

"오늘은 바쁘니까 내일 여섯 시에 오쇼."

다음 날 이원만은 다섯 시 반까지 공장 마당으로 가서 기다리고 있다가 여섯 시 정각에 안으로 들어갔다. 공장장은 그런 일을 세 번이나 되풀이했다. 이원만은 지지 않고 꼬박꼬박 삼십 분 전에 도착해서 정각에 안으로 들어갔다. 공장장이 드디어 두 손을 들었다.

"정말 지독한 사람일세. 내가 졌소!"

그는 이원만을 견습공원으로 받아주었다.

공장장이 맨 처음 이원만을 데리고 간 곳은 공장의 뒤쪽에 있는 세척장이었다. 먼저 독한 냄새가 코를 찔렀다. 염소(CI)였다. 스무 명가량의 공장 직원들은 독한 염소 냄새를 겨우 천 가리개 한 장으로 막아내며 장갑을 끼고 일했다. 알루미늄 제품은 염소액에 담가지면 보글보글 물거품을 일으키며 하얗게 녹았다.

잘못해서 손이 닿으면 녹아내리는 정말 위험한 작업이었다. 그런데 가만 보니 그 일을 하는 사람 중 대여섯 명이 조선 사람이었다.

'저 작자가 내게 거짓말을 했구나. 역시 이곳에서도 위험한 일은 조선 사람에게 시키고 있었어.'

공장장이 작업장 한쪽을 가리키며 이원만에게 지시했다.

"자, 오늘부터 저곳에서 일하시오."

"싫습니다. 숨이 막혀서 일을 못하겠습니다. 죽었으면 죽었지 안 합니다."

그는 자신의 두 손을 공장장의 눈앞에 펼쳐보였다.

"이 손을 보시오. 나는 기술자입니다. 산림기수보로 관리직이었단 말입니다."

"그럼 그렇지! 취직을 시켜주니 딴소리를 하는군. 당장 공장을 나가시오."

공장장은 고함을 질렀다. 이원만은 더 크게 소리를 질렀다.

"당신은 왜 내게 거짓말을 했습니까? 조선 사람은 안 쓴다더니, 여기에서 일하는 사람은 다 뭡니까?"

"아니, 이 자식이!"

공장장은 이원만의 멱살을 움켜잡았다. 그의 눈알이 당장에라도 튀어나올 것 같았다. 이원만은 이를 악물고 대들었다.

"거짓말이나 하는 당신이 제대로 된 우두머리, 공장장이라고 할 수 있습니까?"

"뭐야?"

공장장은 제대로 된 우두머리 노릇을 하기 위해 주먹을 쓸 수 없었다. 애써 분을 삭이고 그를 다른 작업장으로 데려갔다. 이번에는 주전자의 꼭지를 끊는 작업을 하는 곳이었다. '엑게센바'라고 부르는 기계가 타닥타닥 불을 토해내면 그때마다 주전자 꼭지가 끊어졌다.

'저 기술을 익히면 고향에 돌아가도 얼굴을 들고 살겠구나.'

이원만은 그 작업장에서 일하고 싶었다.

"나는 이곳에서 일하고 싶습니다."

하지만 공장장은 고개를 저었다.

"안 돼! 이 일은 눈이 상해. 당신은 내가 보기에도 몸이 가늘어서 육체노동할 체질이 아니야."

마치 이원만을 생각해주는 듯한 말투였지만, 사실은 기술을 가르쳐주기 싫은 것이었다.

"나는 저 기술을 꼭 배우고 싶소. 일하게 해주시오!"

공장장은 이원만과 다시 말싸움을 해야 할 생각을 하니 머리가 아팠다. 그는 이번에도 이원만의 뜻대로 할 수밖에 없었다.

"이 조센징은 참 독하고 징하구나."

이원만은 천신만고 끝에 일본인들 틈에서 다시 일하게 되었다.

노랑장군의 한 수 가르침

　　　　　　　　　　　작업은 어렵지 않았다. 프레스 기계가
올라가면 주전자를 들고 끝을 기계에 넣어 기계가 내려오면 살짝 도려내 주
전자 입구를 만들었다. 물론 공장장의 말대로 이때 나오는 시퍼런 불 때문
에 눈이 조금 아팠다. 일을 다하고 밖에 나오면 하늘이 노랗게 보일 정도였
다. 그래도 염소 작업장을 생각하면 그 정도 불편은 감수할 수 있었다. 일이
힘든 것보다는 일본인 직원들의 차별이 그를 괴롭게 했다.

　공장 안을 왔다 갔다 할 때마다 일본인 직원들이 "조센징이다! 조센징이
온다!"라고 했고, 어떤 사람은 어깨를 툭 치면서 "야, 조센징! 사람을 왜 쳐!"
하고 시비를 걸었다. 나라를 잃은 설움이 파도처럼 밀려왔다. 이를 꽉 깨물
고 하루하루 버텨나갔다.

　그러던 어느 날이었다. 공장 직원들이 우르르 공장 2층으로 몰려왔다. 일
본의 대표적인 민속 운동인 '스모'선수가 공장을 찾아온 것이다. 당시는 스
모가 큰 인기라서 각 학교에 스모부가 생겼고, 생산 공장에도 직업 스모선
수를 불러 직원들에게 강좌를 열었다.

　오전 근무를 마치고 도시락을 먹으려고 자리 잡고 있던 이원만은 우연히
그들의 강좌를 보게 되었다. 스모는 씨름과 비슷해보였다.

　그러나 스모는 한국 씨름과 달리 동그라미를 그려놓고 한쪽이 밖으로 밀
려나가도 지는 걸로 했다. 기술은 없고 오직 힘으로만 겨루고 있는 것 같았
다. 처음에는 호기심에 차서 구경하던 이원만은 실망했다.

직업 스모선수가 돌아가고 나서는 공장 안에서 제일 힘센 사람이 선생이 되어 스모부원들을 가르쳤다. 점심을 다 먹고 그들 쪽으로 다가가 한참 보고 있던 이원만이 참다못해 한마디 던졌다.

"실력이 정말 형편없네요."

"야! 조센징, 뭐라고 했어? 다시 말해봐."

덩치 큰 사내가 그에게로 성큼성큼 다가왔다.

"당신이 씨름을 가르치는 것을 보니 답답해서 그럽니다. 힘만 있지 기술이 통 없잖습니까?"

"어럽쇼. 네가 스모에 대해서 뭘 안다고 그래?"

"나도 고향인 조선에서 씨름을 좀 했습니다. 씨름에서 중요한 건 상대의 힘을 반대로 이용하는 법입니다. 무조건 덩치 좋은 사람이 이기면 경기라고 부를 수 없지요."

옆에 있던 스모부 사람들이 박장대소하기 시작했다.

"고양이가 곰을 가르치는 격이로군."

어느새 몰려든 여자 직공들도 웃어댔다.

"그래? 그렇다면 조센징, 나랑 한판 붙을래?"

덩치가 큰 사내가 손가락을 까딱이며 그를 원 안 쪽으로 불렀다. 공장에서 몸집이 제일 큰 사람과 제일 작은 조센징의 대결을 놓고, 모두가 한바탕 크게 웃어댔다.

"해봐라, 해봐라!"

웃음소리는 어느새 구호로 바뀌고 있었다.

“좋습니다.”

이원만이 원 안으로 들어갔다. 언제 구경꾼 사이에 끼었는지 모르지만 공장 주인이 소리쳤다.

“경기의 재미는 역시 돈내기지. 나는 자네에게 걸겠네.”

공장 주인은 덩치 큰 사내를 향해 지폐를 흔들어 보였다. 사내가 공장 주인을 향해 절을 했다. 사람들이 ‘와!’ 하면서 모두 사내 쪽으로 돈을 걸었다. 이때, 공장장이 외쳤다.

“에이, 내기가 되려면 상대방에게도 거는 사람이 있어야지. 나는 저 조선 사람에게 걸지.”

내기가 이루어졌고 경기가 시작되었다. 사람들은 모두 사내가 당장에 이원만을 내다 꽂을 것으로 생각했다.

심판의 신호와 함께 거대한 체격의 사내가 이원만을 향해 돌진했다. 그의 발이 바닥에 닿을 때마다 땅이 진동하는 듯했다. 이원만은 정신을 바짝 차리고 그의 발에 주목했다. 사내가 이원만의 가슴을 치는가 싶더니 샅바를 잡으려고 몸을 숙여 이원만 쪽으로 바로 기대왔다. 이원만은 '이때다' 하고는 그의 발에 자신의 발을 감고 사내를 뒤로 휙 넘겨버렸다. 덩치 큰 사내가 '억' 소리를 내며 '쿵' 하고 고꾸라졌다.

"이겼다!"

이원만은 두 손을 번쩍 치켜 올렸다. 그런데 박수가 없었다. 함성도 없었다. 이원만은 당황스러웠다. 주위는 쥐 죽은 듯이 고요했다. 이원만에게 돈을 건 공장장마저도 "잘했다"라는 말을 하지 않았다. 쓰러진 사내는 이원만의 샅바를 여전히 움켜쥔 채 수치심에 몸을 떨며 말했다.

"다시 한판 붙자."

사내가 일어섰고, 두 번째 경기가 시작되었다. 이원만은 이번에는 폴짝폴짝 뛰었다. 사내는 단단히 마음먹고 이원만의 양쪽 샅바를 꽉 움켜쥐었다. 힘으로 이원만을 넘어뜨릴 생각이었다.

"옳지, 넘겨라. 넘어뜨려버려!"

일방적인 응원이 터져 나왔다. 이원만은 재빨리 사내의 팔 쪽으로 파고들었다. 사내는 밀어내려 했지만, 있는 힘을 다해 파고드는 그를 막을 수가 없었다. 잠시 주춤거리는 사이에 이원만이 허리를 슬쩍 틀었다. 사내는 균형을 잃었다. 이원만은 그 틈을 놓치지 않고 손바닥을 뒤집듯 몸을 뒤집어 사내를 넘겨버렸다. 몸집이 큰 사내는 자신의 무게를 이기지 못하고 그대로 뒤집어졌다. 멋진 뒤집기 한판이었다. 고향에서 큰 상대를 제압할 때 쓰던 노랑장군의 주특기였다. 그제야 이곳저곳에서 박수가 나왔다. 사내는 이번에도 샅바를 놓아주지 않았다. 억울해서 눈물까지 글썽이고 있었다.

"한판 더 붙자."

그의 말이 끝나기가 무섭게 누군가 그의 궁둥이를 걷어찼다.

"이놈아, 그만 하면 되었다. 졌으면 진 것이지 세 번이나 하자는 건 너무 하잖아."

공장 주인이었다. 사내도 창피했는지 슬금슬금 뒤로 물러났다. 그런데 이번에는 다른 부원들이 하나둘 자리에서 튀어나왔다. 어떻게든 스모부의 자존심을 지켜보려는 덩치 큰 사내들이 금세 그를 에워쌌다.

"나랑 한번 겨뤄보자."

"아니야, 나랑 먼저다."

이원만은 이 사태를 어떻게 수습해야 할지 난감했다. 그는 눈을 질끈 감고 바닥에 벌렁 누웠다.

"제가 졌습니다!"

주인은 그 모습을 보고 크게 웃었다. 그리고 스모부원들을 호되게 나무랐다.

"이런, 야만인들아. 이 사람에게 박수를 쳐줘야 할 판에 또 붙자고? 지친 사람에게 무슨 짓이냐? 당장 아래로 내려가!"

스모부원들은 뒤통수를 긁으며 아래로 내려갔다. 며칠 동안 공장 안에는 씨름에 관한 이야기꽃이 피었다.

"우리 공장에 장군 났네, 장군 났어."

"다리를 걸어 넘어뜨리는 건 처음 봤어."

남자와 여자들 모두 이 일로 이원만에게 호감을 가졌다. 그의 일본식 이름을 부르며 "다나까상, 안녕?" 하는 사람도 있고, "씨름 선생님, 잘 가세요" 하고 정답게 인사하기도 했다.

이원만은 기뻤다. 그가 바닥에 던진 것은 몸집이 우람한 사내 한 사람이 아니라 자신에 대한 거대한 편견의 벽이었던 것이다.

원하는 것을 향해 땅벌처럼 비상하라!

"공기의 역학을 생각하며 나는 땅벌은 절대 날 수 없다. 하지만 그런 사실을 알지 못하는 땅벌은 오늘도 열심히 날아다닌다."

세계적인 화장품 회사인 메리케이(Mary Kay)의 창업자 메리케이 애시가 한 말입니다. 한 연구에 따르면 땅벌은 날개보다 몸통이 커서 공기역학적으로는 절대 날 수 없다고 합니다. 하지만 수많은 날갯짓으로 하늘을 날고 있으니, 땅벌은 한 마디로 불가능을 가능으로 바꾼 상징적인 곤충이라고 할 수 있습니다.

'지금 시작하면 너무 늦지 않았을까?'

'이 일을 하면 성공할 수 있을까?'

사람들이 가장 많이 하는 고민일 것입니다. 많은 사람들이 완벽한 선택을 위해 더 많은 정보를 모으고 확신이 서면 도전합니다. 그러나 인생의 중요한 결정을 하려는 순간에 완벽한 조건이 갖추어진 경우는 거의 없습니다. 사람들은 '이것 때문에 불가능해. 저것 때문에 불가능해'라는 결론을 내리고, 결국 위험해보이는 새로운 시도보다 안전해보이는 삶을 선택합니다. 나중에 '그때 했어야 했는데'라는 후회를 하거나 '어차피 안 될 일이었어'라고 자신을 위로하기도 합니다.

이원만은 땅벌과 같은 사람이었습니다. '스물아홉 살은 새로운 도전을 하기에 늦은 나이다', '조센징은 취직할 수 없다', '조센징은 성공할 수 없다'라는 공기역학 따위에 얽매이지 않았습니다. 그 대신 원하는 것을 향해 남들보다 수천 번 더 날갯짓했습니다.

그는 말했습니다.

"광대가 줄을 잘 타는 것은 줄 타는 재주보다 떨어지지 않는다는 의지와 신념이 있기 때문이다. 또 육지에서 외나무다리를 건너기는 쉬워도 부두에서 배에 걸쳐놓은 외나무다리를 건너는 것은 어렵다. 이것은 시퍼런 바닷물이 겁나기 때문이다. 그러나 자기가 옳다고 생각한 일, 좋다고 생각한 일, 해야겠다고 마음먹은 일은 된다고 믿고 용감하게 해나가면 반드시 방법이 생기는 법이다."

아는 것이 힘이고, 생각을 많이 하는 과정은 꼭 필요합니다. 그러나 더 중요한 것은 신념을 가지고 최선을 다해 실천하는 것입니다. 생각의 완성은 실천이고, 그것이 세상을 바꾸는 힘이기 때문입니다.

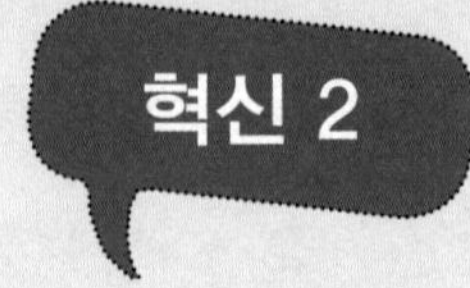

호랑이 굴에서도
'아이디어'만 있으면 살 수 있다

광대가 줄을 잘 타는 것은

줄 타는 재주보다 떨어지지 않는다는 의지와 신념이 있기 때문이다.

자기가 옳다고 생각한 일, 좋다고 생각하는 일,

해야겠다고 마음먹은 일은 된다고 믿고

용감하게 해나가면 반드시 길이 생기는 법이다.

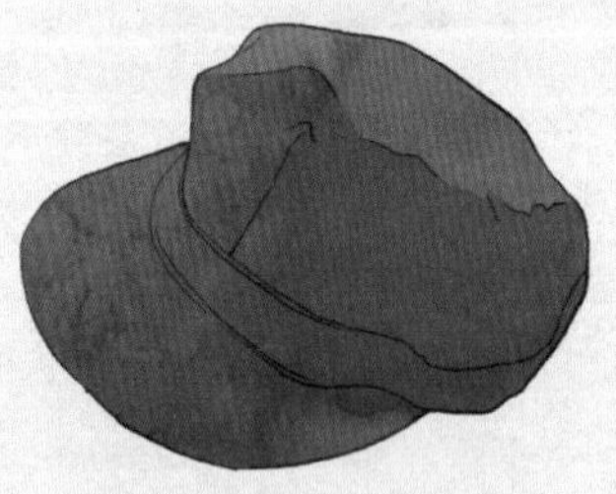

운명의 아이디어

작업모자

일본 사람들의 태도가 바뀌면서 이원만이 공장에서 지내기가 훨씬 편해졌다. 그러나 그 기쁨도 잠시, 달이 지고 해가 지니 다시 공허해졌다.

'이것이 내가 원하던 생활이고 성공인가?'

작업도 이제 처음만큼 흥미롭지 않았다. 눈만 아플 뿐이었다. 운동이 부족해 여기저기 몸도 개운하지 않았다.

'이럴 것이 아니다. 무언가 연구하자. 내게는 활력소가 필요해.'

이원만은 먼저 자신의 주변부터 관찰하기 시작했다. 가장 먼저 눈에 들어온 것은 공장 직원들의 복장이었다. 공장 직원들은 누구나 함삐를 입고 머리에는 '하찌마끼'라고 하는 머리띠를 두르고 일했다. 직원들의 머리에는 언제나 하얀 쇳가루가 수북하게 쌓여있었다.

'이상하다. 작업복이라는 건 편하고 효과적으로 일하도록 도움을 주는 것인데 쓸모없는 머리띠는 대체 왜 두르는 걸까? 직원들 머리로 떨어지는 쇳가루를 막아주는 것도 아니고, 저럴 바에는 모자를 쓰는 게 낫지 않을까?'

며칠이 지나자 그런 생각에 가지가 하나 더 자랐다.

'전등의 빛을 바로 받으니 직원 모두가 시력이 나쁘지 않은가. 우리나라 갓처럼 햇볕을 가릴 수 있는 챙이 있는 모자를 쓰면 그런 일이 없을 거야.'

그는 종이로 챙을 만들어 실을 달아 귀에 걸어보았다. 눈썹 위에 챙이 있으니 전등 빛을 바로 내리쬐지 않아 눈이 편안했다.

'챙이 있는 작업모! 그거야!'

그는 그때부터 자나 깨나 작업모자만 생각했다. 단순하게 작업모자 역할만 하는 것으로는 부족했다. 또 다른 기능이 필요했다. 그는 퇴근하자마자 오사카 역으로 달려갔다.

예전에 역 안에서 수화물을 운반하고 도시락을 파는 사람들이 빨간 모자를 쓰고 있었던 것이 기억난 것이다. 그들 중에 아는 사람이 있어서 모자를 빌려 꼼꼼히 살펴보았다. 그 모자 앞에는 역의 마크가 달려있었다.

'잘난 척하더니 일본 사람들이야말로 머리가 좋지 않구나. 마크를 달지 않고 아예 천에 바로 인쇄하면 더 편하고 좋을 텐데.'

이원만은 정말 오랜만에 가슴이 두근거렸다. 고향에서 일본행을 결정한 그때와 비슷한 느낌이었다. 이원만은 친구가 일하는 인쇄소를 찾아갔다.

"그래, 깜짝 놀랄만한 아이디어라는 게 뭔가?"

친구가 궁금하다는 듯 재촉했다.

"천에 공장 이름이나 광고 문구를 직접 인쇄해줄 수 있겠나? 가능하다면 그걸로 작업모자를 만들 걸세. 어때 정말 새롭고 좋은 아이디어지?"

이원만은 신이 나서 자신의 계획을 설명했다. 얘기를 듣고 있던 친구가 미간을 살짝 찡그리며 대답했다.

"인쇄하는 건 어렵지 않네. 프로세스 인쇄(천을 틀에 걸어서 그 위에 본을 딴 종이를 얹은 다음 잉크를 묻혀 인쇄하는 방법)를 하면 되니까. 그런데 자네의 아이디어가 아주 새로운 것은 아니야. 이미 달력 회사에서 천을 입히는 달력을 그런 식으로 만들고 있거든."

"그게 정말인가?"

"더구나 천에 글씨를 놓는 기술은 이미 특허 등록이 되어 있다네. 도쿄에 있는 사람이 그 특허권을 가지고 돈을 많이 벌었어."

"아, 그래? 그렇군."

이원만은 친구의 말에 기가 팍 죽었다. 기대가 컸던 만큼 실망도 컸다. 팽팽하던 풍선에 바람이 빠져 순식간에 쪼그라들 듯 이원만의 자신감도 쪼그라들었다. 돌아갈 길이 천리처럼 멀게 느껴졌다. 그러나 그동안 머릿속에 그렸던 수많은 계획들을 깨끗하게 지워버리기에는 무척 아쉬웠다. 지푸라기라도 잡고 싶었다.

"그럼 자네 혹시 그 특허권을 가진 사람 이름도 아는가?"

"그건 왜?"

"이대로 쉽게 포기할 수가 없어서 말이야. 사실 그 사람의 기술이 특허를 받았다고는 하나 모자에 적용하겠다는 것은 내가 생각해낸 것 아닌가?"

"그렇긴 하지. 사오도메 씨라고 들었네. 이제 어쩌려고?"

"어떻게든 그 특허권을 빌려볼 생각이네."

"특허권을 사려면 돈이 많이 필요할 텐데…."

친구는 걱정하면서 그를 배웅해주었다.

도쿄에 도착한 이원만은 사오도메를 찾아갔다. 그는 소문난 부자라서 찾기 쉬웠다.

"무슨 일로 저를 찾아 오셨습니까?"

사오도메는 부드럽게 말하면서도 차가운 눈빛으로 이원만을 찬찬히 살펴보았다.

"저는 오사카에서 왔습니다. 작업복에다 상표를 프로세스 인쇄해서 팔고 싶은데 특허권을 빌려주십시오."

"그러니까 특허권을 사러오신 거군요."

"네, 성공불로 해주십시오."

"성공불이요?"

"성공했다고 인정받으면 사용료를 지불하는 방식 말입니다."

"안 됩니다. 나는 지금까지 그런 식으로는 거래를 한 적이 없습니다."

"제가 지금은 가진 것이 없어서 그렇습니다. 하지만 꼭 성공시킬 자신이 있으니 믿고 맡겨주십시오."

사오도메는 망설였다.

"제가 선생님의 특허를 더욱 발전시키고 응용해보겠습니다. 그러니 제발."

이원만은 간절하게 부탁했다. 고민하던 사오도메가 고개를 끄덕였다.

"나는 지금 그 특허를 비싼 달력에만 이용하고 있는데, 젊은이의 말을 들어보니 무척 흥미롭군요. 좋습니다. 성공불로 합시다. 당장 돌아가서 마음껏 사용하시오.”

“정말입니까? 고맙습니다. 정말 고맙습니다.”

오사카행 기차에 오른 그의 가슴은 기뻐서 터져버릴 것 같았고, 머릿속에서는 다시 사업 계획이 끊임없이 쏟아져나왔다.

‘모자 앞에 회사나 공장 이름만 넣을 것이 아니라 상품 이름도 넣자. 그렇게 하면 걸어다니는 광고판이 된다. 아니, 꼭 앞에만 넣을 필요가 있나? 뒤에는 주소와 전화번호를 넣어도 되겠군. 뭐라고 하면서 팔까? 사람이 걸어다니는 광고판이 되는 것이니 돈을 들여 전봇대에 광고를 붙이는 것보다 작업모자가 낫다고 할까?’

이원만은 모자가 잘 팔리면 회사나 공장에서 선물로 주는 수건에 프로세스 인쇄해서 상품으로 만들 생각도 했다. 흔들리는 야간열차 안에서 이원만은 지금껏 느껴보지 못한 행복을 맛보았다.

이원만은 다음 날 다니던 알루미늄 공장에 사표를 냈다. 공장장은 아쉬워하는 듯 했지만 그렇다고 말리지도 않았다. 들어가기는 하늘의 별따기만큼 어려웠던 공장인데 나가기는 너무나 쉬워서 허탈한 기분도 들었다. 그러나 희망찬 새 출발이 기다리고 있었기에 그런 기분을 금세 떨쳐버렸다.

아사히공예주식회사

1935년 5월, 이원만은 오사카 이꾸노에 '아사히공예주식회사'를 열었다. 일본 땅을 밟은 지 2년 만이었다. 주식회사라지만 자본이 넉넉한 것도 아니고, 사장이라도 직원들과 일하는 모습이 별반 다를 것 없는 작은 회사였다. 영업 및 사무직원 5명, 재봉틀 6대를 돌릴 여공 6명이 일했다. 공장은 2층집을 빌려서 1층은 살림집으로 쓰고 2층에서 모자를 만들 예정이었다.

남이 보기에는 초라하고 빈약한 시작이었지만 이원만은 자신이 있었다. 그에게 가장 큰 힘을 준 사람은 동생 이원천이었다. 그는 공장을 열 준비를

하는 동안 고향에 연락해 이원천을 불렀다.

"원천아, 조금만 고생하면 금세 번성할 거야. 우리가 일본 땅에서 한국 사람의 본때를 보여주자."

"예, 형님 우리 힘을 모아봅시다."

녹음이 우거진 5월, 형제는 손을 굳게 잡았다. 두 형제가 힘을 모아 가장 먼저 연구한 것은 광고모자의 생산 단가를 낮추는 일이었다.

"비싼 천을 사서 모자를 만들면 안 될 것 같습니다. 광고모자는 가정에서 쓰는 생활용품도 아니고 어디까지나 광고모자이니까요."

"그래, 네 말이 맞아. 어떻게 하면 단가를 낮출 수 있을까? 어디 남는 천 조각 같은 게 없을까?"

고민하던 두 사람이 답을 발견한 곳은 가와야라 시장이었다. 시장 입구에는 형형색색의 천 조각들이 산더미 같이 쌓여있었다. 이원만은 반가움을 감추지 못하고 상인을 붙잡아 물었다.

"저 조각 천들은 다 어디에서 옵니까?"

"염색 공장에서요. 염색 공장에서는 천을 염색하는 과정에서 네다섯 마가량이 늘어집니다. 그 천들을 잘라다가 이곳에 헐값으로 파는 거지요."

이원만은 천 조각들이 담긴 보따리를 싸게 사서 공장에 돌아왔다. 그와 직원들은 우선 시제품(시험 삼아 만드는 물건)을 만드는 일을 시작했다. 갖가지 형태의 글자를 빨강, 파랑, 노랑으로 천에 프로세스 인쇄를 하고 뒷면에는 아사히공예주식회사의 상표와 전화번호를 넣었다. 이것을 재봉해 모자로 만들었다.

"와아, 멋지다!"

만들어진 모자를 보고 직원들은 박수를 쳤다.

"이제는 우리가 많이 파는 일만 남았습니다. 다들 그동안 내가 일러준 대로 잘 부탁합니다."

이원만은 직원들에게 차비와 점심값으로 50전씩을 나눠주었다. 4명의 직원들은 명함을 챙기고 옷매무새를 단정히 하고 모자를 판매할 회사를 향해 나갔다. 이원만은 마지막으로 문을 나서면서 가방에 넣어둔 모자를 꺼냈다. 그러고는 머리에 직접 썼다.

'효과를 직접 보여주는 것이야말로 최고의 영업이다.'

그가 제일 처음으로 찾아간 회사는 가와무라 공장이었다. 가와무라 공장은 오사카에서 규모가 손에 꼽히는 큰 공장으로 한번 거래하면 분명히 큰 고객이 될 것이었다. 약간 긴장한 그는 공장 안으로 들어갔다. 책임자를 만나 자신의 명함을 내밀었다. 그런데 책임자가 명함 대신 이원만의 얼굴을 빤히 쳐다보았다.

"사람의 얼굴을 왜 그리 빤히 보십니까? 제 얼굴에 무엇이 묻었습니까?"

"아, 아니오."

"그럼 제가 조선 사람이어서 이상합니까?"

"그런 것이 아니라, 당신이 쓰고 온 작업모자를 보고 있었소."

이원만은 그런 줄 이미 알고 있었지만 모른 척하고 있었다.

"아하! 그렇군요. 그럼 제가 작업모자의 광고 효과에 대해서 길게 설명할 필요도 없겠습니다. 지금 경험하신 것처럼 작업모자의 광고 효과는 100퍼센트입니다. 공장 이름이 들어간 작업모자를 직원들에게 선물한다면 직원들이 정말 좋아할 겁니다. 하찌마끼보다 위생적이고, 위험도 미리 막을 수 있으니까요. 그뿐입니까? 똑같은 모자들을 쓰고 있으면 서로 단결도 잘됩니다. 회사 사장님도 좋고, 직원들도 좋은 일이지요.”

공장 책임자는 조용히 듣고만 있었다. 이원만은 반응이 없는 그의 마음을 열기 위해 머리를 굴려 다른 예를 찾았다.

“오늘 아침 신문에 난 중국 병사들의 사진 보셨지요? 군복도 입지 않은 병사들이 얼마나 전투력을 발휘할 수 있겠습니까? 병사들에게 군복이 특별한 의미가 있듯이 직원들에게는 작업복과 작업모자가 특별한 의미를 갖게 해줍니다. 틀림없다니까요.”

공장 책임자가 드디어 고개를 끄덕였다.

“좋소. 일단 100장만 납품해주시오.”

납품 가격은 한 장에 12전, 이원만은 그중 30퍼센트인 4전의 이익을 얻을 수 있었다.

아사히공예주식회사는 첫날부터 대박을 터뜨렸다. 나머지 직원들도 최소 100장씩 주문을 받아왔다. 이원만과 직원 다섯 사람은 다다미방에서 함께 지냈는데 너무 기뻐서 잠을 자지 못했다.

광고모자가 있다는 소식은 삽시간에 사방팔방으로 퍼져나갔다. 너도나도 만들어달라며 주문이 쇄도했다. 1,000장, 5,000장, 1만 장…. 주문량도 점점 커졌다. 이원만은 수금이 되는 대로 재봉틀을 더 사서 설치했다. 여공들 인원도 그만큼 늘었다. 월급도 150엔에서 250엔으로 올라갔다. 사람들 사이에서 아사히공예주식회사는 좋은 직장으로 소문나기 시작했다.

작업모자는 더욱 불티나게 팔려 하루에 4만 개를 만들어도 모자랐다. 공장 직원은 1,000명이 훌쩍 넘었다. 어느새 작업모자가 모든 공장의 필수품이 되었기 때문이다.

이원만은 부자가 되었다. 일본에 사는 조선 사람들 사이에서는 조선으로 돌아가면 그가 최고의 부자가 될 것이라고 소문나기도 했다. 그런데 부자가 되니 일본 사람들의 미움이 다시 시작되었다. 틈만 나면 경제사범(경제적인 법을 침해하려고 죄를 저지른 사람)으로 몰아 경찰서 유치장(범죄를 지은 사람을 잠시 가두어 두는 곳)에 가두려 했다. 실제로 문초를 당하기도 했다.

"여보게들, 이 친구 굉장한 부자야. 마흔도 안 되었는데 엄청 출세했다고. 조센징이 대단하기도 하지."

이원만을 조사하는 형사는 제대로 묻지도 않고 그를 툭툭 치면서 조롱하기만 했다. 이원만은 심한 모욕을 느끼다가 갑자기 가슴 속에서 뜨거운 감정이 복받쳤다.

"그래. 나는 덴노오지 공원의 리타상이다!"

"어럽쇼? 이 녀석 지금 뭐라고 하는 거야?"

형사는 무슨 소리인지 몰라 황당했다. 덴노오지 공원의 리타상은 암컷 원숭이로, 당시 오사카 사람들의 인기를 한 몸에 받고 있던 동물이었다. 사람처럼 모닝코트를 입고 숟가락으로 밥을 먹었으며, 자전거를 탔다. 평정을 되찾은 이원만이 기다렸다는 듯이 존댓말로 설명했다.

"리타상의 인기 비결이 뭡니까? 사람을 흉내 내는 것이지요? 사람이 숟가락으로 밥을 먹어보시오. 그게 어디 구경거리입니까? 나도 마찬가지란 말입니다. 조선 사람으로서 돈을 벌었으니 당신들이 이렇게 주목하고 비웃고, 깎으려 드는 것이지요. 말로는 '조선과 일본은 하나'라고 부르짖으면서 조선 사람은 일본 사람과 다르다고 생각하는 거요? 어디 솔직히 말해보십시오. 일본 사람이 돈을 벌면 이리 주목하진 않을 것이지요?"

일본은 중일전쟁(1937년 7월부터 1945년 제2차 세계대전이 끝날 때까지 계속된 중국과 일본의 전쟁)을 준비하면서 조선을 강제로 빼앗고 전쟁에서 대신 싸우게 하기 위해서 조선과 일본은 하나라고 내세웠다. 그러나 이원만의 말처럼 겉으로는 같은 국민이라고 하면서도 차별하고 있으니, 형사는 말문이 탁 막혔다.

"사람 차별하지 마십시오. 조선 사람 주제에 머리 좋고 돈 잘 번다며 속 좁게 놀리는 것이야말로 작은 섬나라 근성을 스스로 인정하는 꼴이오."

형사들은 이원만의 막힘 없는 말솜씨에 할 말을 잃었다. 그들은 이원만을 풀어줄 수밖에 없었다. 경찰서를 나오면서 이원만은 되뇌었다.

"이놈들아, 너희들이 그렇게 밟으면 밟을수록 나는 강해질 것이다. 절대로 기죽지 않아!"

추적추적 새벽비가 내렸다. 멀리서 신문을 메고 뛰는 배달원이 눈에 띄었다. 이제 더 이상 신문 배급소장에게 구박받고 생선 대가리 반찬에 분노하던, 신지도세 바다에서 목 놓아 울던 이원만은 없었다.

"나는 사업가로 당당하게 살 것이다. 조선이든 일본이든 내가 살고 싶은 어느 곳에서든 당당하게!"

금의환향

해방

중일전쟁이 일어난 1937년 어느 날이었다.

"아버지!"

아들 이동찬이 사무실로 들어섰다. 이원만은 아사히공예주식회사가 점점 커지자 회사의 이름을 '아사히피복회사'로 바꾸기로 했다. 그리고 동생에 이어 아들 이동찬을 일본으로 불러 회사 일을 돕도록 한 것이다. 이원만은 몇 해 만에 만난 아들을 덥석 안았다. 이원만이 없는 동안 가장 노릇을 한 아들이었다.

"왔나? 어디 보자. 할머니는 잘 계시고?"

"예, 잘 계십니다. 어머니도요."

이원만은 든든한 지원군인 동생, 아들과 함께 열정적으로 일했다. 광고모자의 성공에 만족하지 않고 새로운 상품을 개발했다. 여성모자를 만들고, 점퍼나 자동차 정비 공장의 직공이 입는 작업복 등판에 마크를 넣어 만들었다.

전쟁은 일본이 질 것이라는 모두의 예상을 깨고, 한동안 계속됐다. 일본은 이러한 상황을 해결하기 위해 1941년 진주만을 공격했고, 전쟁은 '태평양전쟁'으로 확대되었다.

전쟁이 치열해지자 주요 산업은 군대에 필요한 물품을 만드는 군수산업으로 전환되었다. 아사히피복회사도 군수공장으로 지정되었다. 전투모자도 많이 필요했기 때문에 3,000명이 넘는 공장 직원이 전투모자를 만들었다. 재봉틀을 돌리고 있는 여공들 중에는 조선 사람도 있었고, 일본 사람도 있었다.

1945년에 접어들면서 일본에 미 공군의 폭격이 잦아졌다. 마리아나 기지를 출발한 폭격기는 일본의 하늘과 땅을 자유롭게 날았다. 오사카 지역은 두려움에 떨고 있었다. 미군이 노리는 지역 중 하나였기 때문이다. 미국의 전투기는 B-29였는데, 땅에서 본 B-29가 잠자리만 하다면 일본의 전투기는 파리만 했다. 일본군이 쏘아올리는 폭탄은 B-29의 근처에도 가지 못했다.

일본 땅은 폐허가 되어갔다. 이원만은 일본이 곧 망할 생각을 하니 고소하기도 하고, 공장이며 물자가 불타버릴 것을 생각하니 아깝기도 했다. 복잡한 심정이었다. 그는 여러 날을 고민한 끝에 공장 문을 다시 열고, 사람들을 불러 모아 물자를 보관할 방법을 찾았다.

"공장 마당에 큰 동굴을 파주십시오."

그는 시멘트를 부어 만든 거대한 지하 동굴 안에 재봉틀과 옷감 등의 물

자와 현금을 차곡차곡 숨겨두었다. 동굴 위에 흙을 깔아 덮었다. 그리고 오사카(大阪)시 이쿠노 산에 있는 학교의 빈 교실로 공장을 옮겼다. 그곳은 조금 더 안전했다.

"이건 뭐지?"

어느 날, 옷감을 사러 시장에 나온 이원만은 고개를 갸우뚱했다. 광목(무명실로 너비가 넓게 짠 베)과 비슷해보였지만 그보다 질이 떨어지는 천이었다.

"이것은 '스프'라고 하는 천입니다."

"스프요?"

"예, 이 천은 없어서 못 판답니다."

일본인들은 광목이 부족하자 종이실로 스프라는 천을 짜서 팔았다. 이원만은 공장으로 돌아와 창고에 가득 쌓아두었던 광목 자투리를 시장에 내다 팔았다. 그러면서 속으로 생각했다.

'분명히 이 전쟁은 일본이 질 것이다. 이렇게 물자가 모자라서는 전쟁에 이길 수가 없지.'

일본 정부와 신문, 방송에서는 여전히 "1억 명의 국민이 죽창이라도 들고 끝까지 싸우면 최후 승리는 우리의 것입니다"라고 떠들어댔지만 일본 국민들의 사기는 바닥에 떨어져있었다. '타타타' 저공비행하는 폭격기들이 나타나면 모두 방공모자를 쓰고 방공호로 뛰어 들어갔다. 밤에 산 위에서 바라보면 저 멀리 어두운 하늘에서 폭격을 위한 조명탄이 명주실처럼 여기저기 흘러내렸다. 참으로 아름답고도 무서운 장면이었다.

그러던 3월의 어느 날, 큰 공습이 발생했다. 이쿠노 산이 폭격을 당한 것이다. 공장들이 있던 곳은 모두 불바다가 되었다. 공습이 끝나자마자 이원만은 공장으로 달려갔다. 공장 건물이 타고 있는 것을 보고 손에 잡히는 빗자루로 불을 껐다. 눈물이 앞을 가렸다. 공장이 다 타도 좋으니 조선을 괴롭히는 일본이 망했으면 좋겠다고 생각했다. 그런데도 눈물은 멈추지 않고 나왔다. 불을 끄는 손도 멈출 수가 없었다. 고향을 떠나 먼 땅에서 간신히 이룬 자신의 사업체가 재가 되어버리는 장면을 두 눈으로 지켜보고 있으려니 가슴이 아팠다.

그런데 하늘이 도왔는지 남은 불을 끄고 살펴보니 지하에 묻어둔 물자는 하나도 타지 않고 고스란히 남아있었다.

"감사합니다, 감사합니다!"

누구를 향해 인사를 하는 것인지 이원만 자신도 몰랐다. 그냥 입에서 그런 말이 나왔다. 오사카에 있던 다른 공장들은 다 불에 타버려 물자가 사라졌는데 이원만의 공장만 물자를 보존할 수 있었다.

1945년 8월 8일, 히로시마에 원자폭탄이 떨어졌다. 그해 15일, 드디어 일본이 항복했다. 일본천황 히로히토의 떨리는 목소리를 방송으로 듣고 일본 사람들은 모두 울었지만 조선 사람들은 만세를 불렀다. 어제까지는 일본 사람들에게 억눌려 지냈지만 그날부터는 전쟁에서 승리한 국가의 국민으로서 기쁨을 누렸다.

고향으로 돌아가는 배 안에서

이원만은 일본으로부터 해방된 조국으로 돌아가고 싶었다. 그렇게 마음먹으니 하루라도 빨리 가고 싶었다. 물자는 내놓자마자 순식간에 모두 팔렸다. 보험금 50만 원까지 합하니 180만 원이라는 엄청난 거금이 그의 손에 들어왔다. 그는 동생을 불렀다.

"원천아, 나는 소원대로 일본에서 돈을 벌어보았다. 일본은 이제 망했으니 이제 해방된 조국에 돌아가서 새로운 사업의 기반을 닦고 싶구나. 너는 어찌할 테냐?"

"일본이 망했다고는 하나 이곳에도 사람이 삽니다. 저는 이곳에서 우리 아사히피복회사를 지키고 있겠습니다."

이원만은 공장 시설을 동생인 이원천에게 모두 맡겼다. 그리고 고국으로 가져갈 돈을 다섯 개의 가방에 나누어 담고 직원들과 함께 하나씩 가졌다.

"고향에 도착하면 돈을 나눠주겠습니다. 무사히 바다를 건너기만 합시다."

전쟁에서 진 일본 땅은 몹시 혼란스러웠다. 일본 사람들뿐만 아니라, 해방된 조국을 바라보는 조선 사람들도 그랬다. 고향으로 돌아가는 것이 좋을지, 그대로 일본에 남는 것이 좋을지 누구도 확신하지 못했다. 하지만 이원만은 고국으로 돌아가기로 마음먹고 뒤돌아보지 않았다.

마음은 고향으로 이미 달려가고 있었지만, 기차를 타는 것부터 시작해서 한국으로 가는 배를 찾는 일은 너무나 어려웠다. 이원만과 그의 직원들은 먼저 고베(神戸)로 나갔다.

고베는 원래 외국의 문물이 왔다 갔다 하는 화려한 항구 도시였다. 그런데, 이제는 황폐해져 있었다. 주변에는 온통 조선 사람들이었다. 징용(전쟁 중에 국가가 국민을 강제로 어떤 업무를 하도록 시키는 일)으로 억지로 끌려온 사람, 일본군에서 제대한 청년 등 그들은 모두 조선으로 가는 배편을 찾고 있었다. 하지만, 타고 갈 배가 없었다. 이원만은 배를 빌려주는 조선 사람을 찾아가 부탁했다.

"돈은 얼마든지 줄 테니 우리 동포들이 탈 수 있게 배 한 척만 빌립시다. 우리는 부산까지 가고 싶소."

"이 배는 일본을 떠날 수 없습니다. 부산이라니요, 어림도 없습니다."

"시모노세키까지는 어떻소?"

시모노세키는 부산과 마주보는 항구로, 연락선이 다녔다. 600명가량의 사람들이 배에 올랐고 시모노세끼를 향해 닻을 올렸다. 그런데, 바다의 풍랑이 심했다. 나무배는 삐걱거리면서 파도를 넘고 또 넘었다. 사람들은 파도 하나를 넘을 때마다 나뒹굴고 토했다. 배 안은 난장판이었다. 그래도 고향에 갈 수 있다는 희망으로 사람들은 버텼다. 하지만 시모노세끼 항에도 부산행 배가 끊긴 지 오래였다. 사람들은 절망에 빠져 울부짖었다.

"고향에 갈 수 없다니! 내 발로 왔는데, 내 발로 갈 수 없다는 것이 말이 되는가!"

이원만은 포기할 수 없었다. 다시 사방팔방으로 배를 찾아다녔다. 그리고 마침내 시마네현의 센자키에 한국행 배가 있다는 정보를 얻었다. 웃돈에 웃돈을 주고 표를 구했다.

바다에 커다란 나무 여객선에 떠 있었고, 작은 배가 부두로부터 여객선까지 승객들을 실어서 날랐다. 그런데, 사람들이 행여나 배에 오르지 못할까 봐 순서를 다투는 바람에 바다에 빠지는 일도 생겼다. 마치 전쟁터 같았다.

뒤바뀐 돈 가방

이원만 일행은 새벽이 되어서야 배에 올랐다. 각자 흩어져 객실에 머물렀는데, 이원만이 탄 객실에는 그를 포함해 세 명, 나머지 공간에는 유골이 들어있었다.

'살아서 조국에 돌아가지 못하고 죽어서야 돌아가는구나.'

그는 가슴이 울컥했다. 마음을 추스르고, 정신을 차린 이원만은 새벽 기운에 한기를 느꼈다. 배에 탈 때 파도를 뒤집어써서 온몸에서 물이 줄줄 흘러 선실 바닥까지 적시고 있었다. 옷을 갈아입으려고 가방에 열쇠를 꽂았다. 그러나 가방이 열리지 않았다.

'어? 어떻게 된 거지? 자물쇠가 고장인가?'

그는 가방의 한쪽 귀퉁이를 찢었다. 그런데 그 안에서 술병이 툭 떨어졌다. 이원만의 머릿속은 하얗게 변했다.

'앗! 내 가방!'

빛이 있는 곳에서 가방을 살펴보니 자신의 것이 아니었다. 색깔이 비슷해서 바뀐 것 같았다. 그는 믿을 수 없어 가방 속에 손을 넣고 휘저어봤다. 돈이 있어야 할 곳에서 버선이 나왔다.

'이럴 수가, 지난 10여 년 세월을 몽땅 잃어버렸구나.'

그는 이 황당한 상황을 받아들일 수가 없었다. 심장이 쿵쾅거리다 못해 가슴 밖으로 다 튀어나올 지경이었다. 가방을 찾아야 한다는 생각이 들었을 무렵, 이원만은 다리에 힘이 풀려 주저앉았다. 기억을 더듬어보니 가방은 배에 오를 때에 바뀐 것이 틀림없었다.

'그렇다면 이 배 안에 가방이 분명 있을 것이다. 찾을 수도 있어. 아니야. 꼭 찾아야 해.'

그는 미친 사람처럼 승객이 많은 아래층으로 내려갔다. 아래층 선실은 문을 열자마자 쉰내가 확 풍겼다. 콩나물시루처럼 승객이 가득 차 있었다.

"어떤 놈이야, 어떤 놈이 사람을 밟고 다녀?"

사람들이 아우성쳤지만 이원만의 귀에는 들리지 않았다. 온몸의 감각이 오직 두 눈에만 살아 움직이는 것 같았다.

"사장님, 뭐하십니까?"

그와 함께 탄 직원이 놀라 그를 붙잡고 물었다.

"이 사람아, 가방이 바뀌었네."

"가방이요? 그럴 리가…."

"정말이야. 돈은 없고 술병이 들어있어."

"예? 어떻게 그런 일이…. 아! 아까 작은 배에서 큰 배로 갈아탈 때 선원에게 가방을 먼저 던져주고 올라탔지 않습니까, 그때 바뀐 것 아닐까요?"

"아! 그때였군. 그때였어. 자네의 것은 괜찮은가?"

그제야 직원도 놀라 자신의 가방을 열어 확인했다.

"예. 사장님, 제 가방은 무사합니다."

"다행이네."

이원만은 힘없이 중얼거렸다. 직원들이 가진 것은 10원짜리 이하의 소액권, 자신이 잃어버린 가방에는 100원짜리 이상의 고액권들이 가득 들어 있었다. 걱정스런 눈으로 보는 직원을 보니 더욱 괴로웠다.

창백한 얼굴로 그는 다시 가방을 찾아 헤매기 시작했다. 소식을 전해들은 나머지 직원들도 함께 나섰다. 시간이 흐르고, 이원만의 눈에 구석에서 쭈그리고 자는 남자의 베개가 눈에 들어왔다. 자세히 보니 베게가 아니라 가방이었다. 이원만은 침을 꼴깍 삼키고 다가갔다. 가까이서 보니 확실히 자신의 가방이었다.

"뭐하는 것이여, 지금?"

잠자던 남자가 벌떡 일어나 가방을 품에 꼭 안았다.

"미안합니다. 저, 혹시 가방이 바뀌지 않았습니까?"

그는 버선이 가득한 가방을 들어보였다. 짧은 순간이었지만 이원만의 머 릿속에서는 많은 생각이 스쳤다.

'저 사람이 속에 있는 돈을 보았을까? 돈을 보고 원래 자기 것이라고 우기 면 어쩌지? 내 것이라는 걸 어떻게 증명해야 하나?'

남자는 이원만을 노려보았다.

"가방이 바뀌긴…. 어? 이리 주시오!"

남자는 자신의 가방을 보더니 확 낚아채갔다. 그리고 벌컥 화를 냈다.

"이 사람, 보게. 왜 남의 가방을 이렇게 찢었소? 버선은 그렇다 치고, 이 안에 돈도 있었는데 설마 꺼내간 거요? 그랬으면 내가 가만두지 않겠어!"

그는 엄포를 놓으면서 가방을 열었다. 그리고 물건이 다 있는 걸 확인하 고는 가도 좋다는 손짓을 했다. 이원만은 한걸음에 위층 객실로 올라갔다. 1초라도 빨리 가방을 열어봐야 했다.

객실 안 다른 사람들은 모두 잠들고 없었다. 열쇠를 꽂은 손이 바들바들 떨렸다. 그 남자가 돈을 빼돌렸을까봐 걱정되었다. 가방을 열고 안을 본 이 원만은 그 위에 엎어져 기쁨의 눈물을 흘렸다. 돈은 그대로 있었다.

'살았다, 살았어!'

어느새 창밖에는 찬란한 아침 해가 떠오르고 있었다.

'당연히'라는 말끝에 물음표를 달아라!

1920년 유명한 만년필 회사 파커(Parker)가 빨간색 만년필을 내놓아서 세상을 떠들썩하게 했습니다. 검은색 또는 갈색밖에 없었던 만년필 시장에 여성용 만년필을 빨간색으로 만들어서 엄청나게 많이 판매한 것입니다.

1990년대는 게스(GUESS) 청바지가 미국 20대 여성의 패션 상징이었습니다. 그들은 '게스 청바지는 허리둘레 24인치 미만 여성들만 입을 수 있다'고 광고했습니다. 그리고 실제로 허리둘레 24인치 미만인 청바지를 만들었습니다. 주변에서는 게스의 전략을 비웃었습니다. 옷은 많은 사람이 입을 수 있도록 다양한 크기로 만들어야 많이 팔 수 있기 때문입니다. 그러나 게스의 전략은 성공했습니다. 허리둘레가 25인치나 26인치인 여성은 어떻게 해서든 게스를 입으려고 살을 뺐고, 하다못해 로고만이라도 떼어서 자기 옷에 붙이려고 했습니다. 그렇게 게스는 날씬해보이고 싶은 여성들의 욕망을 끄집어내서 큰 성공을 거두었습니다.

두 사례의 공통점은 '물음표'였습니다. '만년필은 당연히 검은색!'이라는 생각 끝에 물음표를 달고, '청바지는 당연히 사이즈가 다양해야 한다'는 상식에 물음표를 단 것입니다.

이원만의 성공비결도 그와 같았습니다. 작업할 때에는 당연히 머리띠를 한다는 생각에 물음표를 달았고, 그것은 '광고가 실린 작업모자'라는 대박 상품을 낳았습니다. 양말은 "당연히 천연 섬유인 면으로 만든다", "힘을 쓰려면 당연히 밥을 많이 먹어야 한다", "잘 살려면 당연히 빚을 줄이고 아껴야 한다" 등등 수많은 '당연한' 생각에 물음표를 단 결과, 그는 남과 다른 창의적인 답을 낼 수 있었습니다.

남들이 당연하다고 생각하는 상식을 파괴하는 것, 고정관념이나 관습을 파괴하는 일, 그것이 코오롱그룹 창업주 이원만의 성공 비결이었습니다.

재일 동포 사업가의 힘을
하나로 모으다

우리의 살길은 협동 정신이 있느냐, 없느냐에 따라 결정된다. 포도밭에 포도가 주렁주렁 달렸는데 따먹고 싶어도 키가 조금 모자라서 손에 잡히지 않는다. 그중에서 어떤 키가 큰 사람이 발꿈치를 들어 겨우 손잡고 따려는데 뒤에서 누가 밀어버리고 제가 따려고 한다고 생각해보자. 결국 두 사람 모두 못 먹는다. 이때 한 사람은 엎드리고 한 사람은 그 등에 올라서면 손쉽게 포도를 따고 큰 힘 들이지 않고 서로 배불리 먹을 수 있을 것이다.

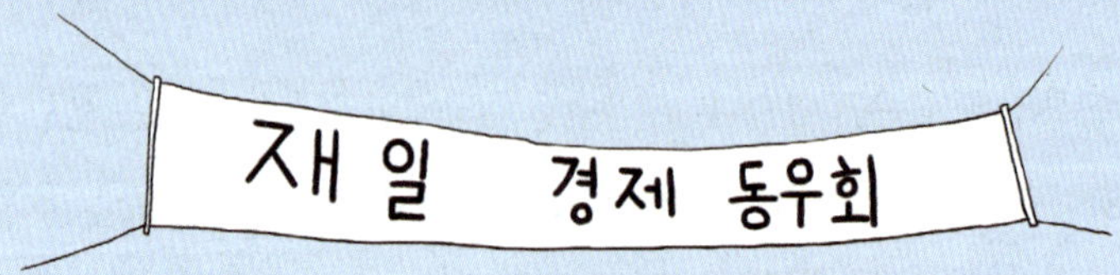

또 다른 꿈

제2의 삶, 그리고 대구

배가 부산항 가까이에 닿았다. 그리고 산이 보였다. 배에 같이 탄 동포들이 목이 터져라 만세를 불렀다. 눈물을 줄줄 흘리는 사람도 있었다. 이원만도 가슴이 벅차왔다. 항구에는 징용으로 끌려갔거나 돈을 벌려고 갔다가 돌아오는 이들을 맞이하는 가족들이 인산인해(人山人海, 사람이 산을 이루고 바다를 이루었다는 뜻으로 사람이 수없이 많이 모인 상태)를 이루고 있었다.

"동해물과 백두산이 마르고 닳도록….."

누가 시작한 것인지 모를 애국가 소리가 점점 커졌다. 감격스러웠다. 고조된 분위기 속에 눈물이 차올라 앞이 잘 보이지 않았다. 이원만은 간신히 배에서 내려 부산 시내를 향해 앞으로 걸어갔다. 1945년 9월 23일, 이원만의 나이는 42세였고 고향을 떠난 지 13년 만이었다.

다음 날 대구로 가는 기차는 만원이었고, 배와 마찬가지로 기차 안은 애국가, 만세소리로 시끌벅적했다. 차창 밖으로 보이는 익어가는 벼의 황금

빛깔이 정겨웠다. 전쟁 중에 줄곧 흉년이었는데, 해방이 되니 풍년이었다. 일본이 전쟁에서 진 것이 마치 하늘의 뜻인 것처럼 느껴졌다.

"선생님은 안 기쁘십니까?"

생각에 잠긴 이원만을 누군가 툭 치며 물었다. 그는 술을 한잔 했는지 코가 빨갰다. 속사정은 몰라도 일본에서 얼마나 고생을 했는지 손끝이 다 문드러져 있었다. 이원만은 문득 다까다알루미늄 공장에서 손가락이 잘려나가고, 독한 염소 냄새를 참으며 일하던 한국인 동료들이 떠올라 코끝이 찡했다.

"기쁘지요. 어떻게 안 기쁠 수가 있겠습니까! 저나 선생님이나 이렇게 돌아온 것이 기적 아닙니까?"

이원만도 목이 터져라 애국가를 부르기 시작했다. 그가 먼저 부르면 낯선 사내가 따라 불렀다.

기쁜 마음으로 집에 도착하니 이원만의 어머니가 맨발로 아들을 맞았다. 아내는 그 뒤에서 눈물을 훔치고 있었다. 아내의 뒤에는 며느리와 어린 딸이 서있었다. 남편 이동찬을 기다리고 있던 며느리는 시아버지 이원만의 뒤를 슬쩍 보고 곧 실망한 눈빛을 내비쳤다.

"동찬이도 곧 무사히 돌아올 것이다. 걱정 말아라."

일본에서 같이 있던 아들 이동찬은 1년 전 조선학도병으로 입대할 수밖에 없었다. 결혼식을 올린 지 일주일 만에 혼자가 되어 시어머니와 함께 지내고 있는 며느리를 보니 안쓰러운 마음이 들었다. 그동안 사업한다고 가족들에게 소홀히 한 것이 미안했다. 하지만 마음과 달리 다정한 말이 나오

지 않았다. 참 이상한 일이었다. 말 한마디로 천 냥 빚을 받아내는 그였다. 지난 13년 동안 억울한 일이 있을 때마다 말로 일본 사람들의 항복을 받아 냈다. 그런데 말솜씨 좋은 이원만이 가족들 앞에서 마땅한 말을 떠올리지 못했다. 그가 어렵게 꺼낸 말은 겨우, "어머니 절 받으십시오"였다. 늙으신 어머니는 "그래 장하다. 내가 뭐라 했느냐 너는 해낼 것이라고 하지 않았느 냐" 하며 연신 눈물을 닦았다.

그렇게 가족들과 그동안의 이야기를 나누며 정을 나누고 있을 때였다.

"좀 나와 보세요, 큰일 났어요!"

밖에서 누가 사고가 났다는 소식을 전했다. 이원만은 한달음에 사고 현 장으로 달려갔다. 이원만이 타고 온 기차를 바로 뒤에 도착한 기차가 들이 받아 수십 명이 죽었고 부상자도 엄청났다. 가마니로 덮여 들것에 실려나가는 사람들은 바로 조금 전까지 목이 터져라 애국가를 부르며 조국의 해방을 기뻐하던 사람들이었다. 죽을 고비를 몇 번씩이나 넘기며 고향땅으로 돌아온 그들은 순식간에 주검이 되었다. 믿을 수 없는 광경 앞에 할 말을 잃었다.

'그토록 그리던 가족들을 눈앞에 두고 죽다니, 애통한 일이다. 내가 만약 집으로 바로 가지 않고 열차에 남아있었다면? 아니, 그보다 부산에서 다음 열차를 탔었다면 어떻게 되었을까?'

그의 앞으로 들것이 들려나가는데 이번에는 가마니가 살짝 벗겨지면서 죽은 사람의 얼굴이 드러났다. 이원만은 그 얼굴을 보고 깜짝 놀랐다. 열차 안에서 함께 애국가를 부른 그 사내였다. 이원만의 온몸에 소름이 돋았다. 그와 몇 마디 나누었을 뿐이지만, 이원만은 큰 충격을 받았다. 사내는 구하기 어려운 귀국선의 표를 구하기 위해 일본에서 번 돈을 모두 쏟아부었을 것이다. 그래도 고향에 온다는 것, 가족의 품에 돌아올 수 있다는 것만으로 행복했을 것이다. 그런데 그는 싸늘한 시체가 되어 고향에 도착했다.

'나도 오늘 저 사람처럼 죽었을지도 모른다. 나는 다시 태어난 것이나 다름없어.'

그는 역을 나오며 살아있음에 다시 한 번 감사했다. 집으로 돌아온 그는 가족들을 아까보다 더 뜨겁게 끌어안았다.

열여섯 살 가장

　　　　　　　　　　　　　10년이면 강산도 변한다는 말이 있지만, 13년 만에 돌아온 집안 곳곳은 변한 데가 별로 없었다. 이원만은 집안을 둘러보다가 밑동만 남은 감나무를 보니 아버지 생각이 났다.

　"너희 아버지가 살아서 네 모습을 보셨어야 하는데….."

　이원만의 어머니도 그와 같은 생각을 하고 있었는지 어느새 눈시울을 붉혔다.

　"감나무를 보니 또 그때 일이 생각나는구나."

　"어머니, 저도요. 꼬끼오~~"

　이원만은 닭 날갯짓을 흉내 내며 웃었다. 늙은 어머니의 얼굴에 웃음이 번졌다. 그것은 약 40년 전의 일로, 이 집에서는 마치 옛날 이야기처럼 전해져 내려오는 이야기였다.

　"꼬끼오~ 꼬꼬꼬~ 꼬끼오~"

　경상북도 영일군 우각리의 어느 가을, 첫 닭이 울자 솥만큼 큰 떡시루 속에서도 닭 울음소리가 났다. 그리고 잠시 후, 떡시루 속에서 땀에 흠뻑 젖은 사내가 기어나왔다. 초저녁부터 그 안에서 구부리고 있었던지라 허리가 잘 펴지지 않았다.

　"살 거야. 그렇게 허무하게 죽을 놈이 아니야."

　사내는 마치 실성한 것처럼 중얼거리며 몸을 일으켜 허겁지겁 안방으로 달려갔다. 그의 이름은 이석정. 이원만의 아버지였다.

건강하던 아들 이원만이 쓰러진 것은 이석정이 오래된 감나무를 베어낸
뒤였다.

위로 4명의 아들을 잃고 얻은 귀한 아들이었다. 의사는 가망이 없다고 했
지만 마을 무당은 자신이 일러준 대로 떡시루 속에서 밤을 새면 신령이 화
를 풀어 목숨을 구할 수 있다고 했다. 평소 미신 따위는 믿지 않았지만, 이
석정은 아들을 살릴 수 있다면 더한 일도 할 수 있었다.

"아는 어떻소?"

문을 연 그가 다급하게 외쳤다. 아내가 돌이 막 지난 아들을 안고 울먹
였다.

"숨을 쉽니다. 숨을 쉬어요!"

이석정은 이불을 제치고, 아들의 코 밑에 손을 대었다. 땀이 송골송골 맺
힌 코 밑에서 아들의 옅은 호흡이 느껴졌다. 아들의 얼굴에 서서히 핏기가
돌기 시작했다.

"살았네, 살았어!"

"여보! 당신이 우리 아기를 살렸어요."

이석정과 그의 아내는 아들을 안고 기쁨을 감추지 못했다. 이원만은 이렇
게 아버지의 지극한 사랑으로 죽을 고비를 넘기고 무럭무럭 자랐다. 이런
경험 때문이었는지 몰라도 부자지간의 정은 각별했다.

이석정은 아들 이원만이 여섯 살 무렵에 독선생(한 집의 아이만 가르치는 선생)
을 붙여 한학을 가르쳤다.

"너는 퇴계 이황의 스승이었던 회재 이언적 선생의 16대손이다. 나는

비록 농업에 관심을 가졌다만 너는 많이 배워서 큰일을 하여라."

한 해에 약 500석 정도의 쌀을 수확하고 있었던 이석정은 자식이 생계를 걱정하지 않고 공부해 큰일을 도모(어떤 일을 이루기 위해 계획을 세움)하길 바랐다. 한문 공부뿐 아니었다. 신식 교육을 하는 사립학교가 들어서자 지체 없이 아들을 입학시켰다. 이원만은 독선생을 통해 자치통감과 경서 등 한학의 기초를 배웠다. 한학 자체를 깊이 공부하지는 않았지만 덕분에 정치와 역사에 흥미를 갖게 되었다. 그런 아들을 바라보는 아버지의 마음은 흐뭇했다. 그러나 이원만이 열여섯 살이 되던 해에 이석정이 그만 세상을 떠나고 말았다.

"상주의 모자가 상주보다 더 크네 그려. 이거야 원, 저 어린 것이 가장이 되다니!"

하늘처럼 생각하던 아버지의 갑작스러운 죽음은 사춘기 소년이 감당하기에 벅찼다. 조문객들의 말을 들으니 아버지의 죽음이 실감 났고 눈물이 솟구쳤지만, 그는 울음을 삼켰다. 홀로 남은 어머니 때문이었다.

"참, 어머니. 원기 형님은 어떻게 지내세요? 한번 인사를 가야 할 텐데요."

모자가 옛이야기를 하자면 빼놓을 수 없는 것이 6촌 형 이원기였다.

"당연히 그래야지. 그 사람이 아니었으면 그 막막한 시절을 우리가 어떻게 극복할 수 있었겠니."

진정한 출세란 무엇입니까?

이원기가 살고 있는 대구의 진고개는 고래 등 같은 기와집들이 있는 부자 마을이었다.

일제는 1919년에 있었던 3·1 운동 후 지주와 부르주아 세력을 달래고 자기편으로 만들 목적으로 1920년 7월 초에 조선의 지방 제도를 고쳤다. 이때, 조선 사람에게도 어느 정도 참정권(국민이 정치에 직접 또는 간접으로 참여하는 권리)을 부여했는데 이원기는 도지사가 임명한 도평의원이었다. 친척들 사이에서 그는 믿음직한 존재였다. 이원만의 눈에도 그는 위엄이 있고, 권세도 가진 멋진 어른이었다. 이원기라면 뭔가 자신의 인생에 답을 줄 수 있을 것 같아 그를 찾아가기도 했다. 이원만이 열아홉 살이 되던 해였다.

이원만은 아버지가 돌아가신 이듬해인 1920년에 이위문을 아내로 맞았는데, 그의 어머니는 가정을 이룬 아들이 아버지가 농사짓던 땅을 이어받아 편히 지내기를 원했다. 그러나 이원만의 생각은 달랐다. 그는 어머니를 설득해 근처에 있는 6년제 보통학교에 5학년으로 편입했고, 한문에 이어 수학을 공부했다. 이원만에게 이 시간은 학업이라는 측면에서만 의미 있었던 것은 아니었다. 2년 동안 신식 교육을 받으며 비슷한 또래의 학생들처럼 장난도 치면서 생업 전선에서 벗어나 자유로운 시간을 가질 수 있었다.

그러나 언제까지나 그런 행복이 이어질 수는 없었다. 졸업을 앞둔 그의 얼굴에 여드름이 하나둘 솟아날 무렵엔 진로에 대한 고민들도 솟아났다. 마음 한쪽에 묻어두었던 '가장'이라는 중압감이 되살아났다. 그리고 사람들 보란 듯이 출세하고 싶은 욕심이 생겼다. 앞으로 무엇을 해야 할지 모르겠지만, 시골에서 농사꾼으로 살고 싶지 않았다. 그때 그의 머릿속에 스친 것이 이원기였던 것이다.

이원만은 이원기에게 일자리를 찾고 있노라고 말하면서 벼르던 질문을 했다.

"저…. 형님, 도평의원 생활은 어떠십니까?"

어린 아우의 호기심 어린 눈빛은 이원기를 당혹스럽게 했다. 이원기는 일제 시대에 관리직에 있다고 의식 있는 친구들로부터 비아냥거림을 들어야 했다. 그러나 그는 자신이 그 일을 안 한다고 끝나는 일이 아니라는 걸 잘 알고 있었다. 누군가는 하게 될 일이라면 자신이 욕을 먹더라도 나서서 상황을 고칠 수 있는 점을 찾아보려고 했다. 그렇게 이원기는 자신의 자리에서 나름대로 열심히 노력하고 있었다.

"원만아, 무엇이 궁금한 것이냐?"

"도평의원이라고 하면 출세하신 것 아닙니까? 저도 형님처럼 출세하고 싶습니다."

"출세라, 너는 내가 출세한 것처럼 보이냐?"

이원기가 말을 이었다.

"너희 집에 도둑이 들어서 주인 노릇을 하는데, 곳간 관리를 좀 하게 너더러 도와달라고 했다고 치자. 너는 어떻게 할래?"

"예?"

"지금 내 입장이 그런 거란다. 너는 출세를 한다는 것이 무엇인지는 좀 더 생각해봐야 할 것 같다."

이원기는 아우의 어깨를 다독였다. 이원만은 사촌 형님이 도평의원이니 자신에게 출세의 길을 열어줄 것이라고 생각한 것이 부끄러워졌다. 이원만은 차를 마시고 일어서면서 작별 인사를 하기 전에 물었다.

"형님, 아까 하신 질문에 답해도 됩니까?"

"그래, 해보거라."

"저는 미워도 도와줄 것 같습니다. 제가 안 나서면 도둑놈들이 어떻게 곳간을 털어먹을지 걱정이 되니 좀 덜 털어가도록 제가 나서서 이런저런 수를 써보는 것이 가만히 있는 것보다는 낫지 않겠습니까?"

이원기는 기특하다는 듯이 조용히 웃었다.

얼마 후, 이원기의 도움으로 이원만은 산을 관리하는 산림기수보로 취직이 되었다. 산림기수보는 모자를 쓰고 팔띠를 두른 데다가 순사(일제 강점기에 경찰관의 가장 낮은 계급)와 비슷한 복장을 하고 있기 때문에 한눈에 위압감을 풍겼다. 산림기수보의 팔띠를 받고 이원만은 우쭐해졌다. 동네 사람들이 그를 보고 한마디씩 했다.

"출세했네. 출세했어!"

출근하니 대놓고 묻는 이도 있었다.

"너는 대단한 누구와 잘 아는 사이인가 보구나? 스무 살이 넘어야 공무원으로 일할 수 있는데, 넌 겨우 열아홉 살에 이 일을 할 수 있는 걸 보니."

이원만은 기분이 들떠서 이런 비아냥거림도 모두 부러움의 표현이라 생각했다.

그는 영일군의 신광, 흥해, 곡강, 구룡포 각 면을 돌며 일했다. 그에게 맡겨진 일은 나무가 잘 자라도록 관리하는 것 외에 수십 년 된 나무를 마구 베는 사람들과 정해진 금액의 조합비를 내지 않은 사람들이 나무를 베지 못하도록 단속하는 것이었다. 처음에는 어린 자신이 나이 많은 사람들에게 이러저러한 지시를 내릴 수 있다는 사실에 흥분했지만, 시간이 갈수록 그보다는 불합리한 행정 관행들이 거슬렸다. 심지어 화전민들을 대책 없이 쫓아내야 하는 경우도 있었다. 그는 상습 도벌꾼이 아닌 경우, 경고만 주고 돌려보내곤 했다.

'이것이 내가 꿈꾸던 출세란 말인가?'

점점 자신이 하는 일에 실망하면서 스스로가 부끄러워졌고 일도 하기 싫어졌다.

'형님이 내게 말하고자 했던 것이 이런 것이었을까? 그야말로 도둑을 위해 내 집 창고 관리를 하는 셈이구나.'

나무를 베어가는 사람들은 대부분 돈이 있는 일본 사람들이었다. 돈이 없어서 조합비를 내지 못한 조선 사람들이 몰래 나무를 베다가 도망치는 걸 보면 기분이 좋지 않았다. 친구들이 찾아오면 그는 자신의 고민거리를 털어놓았다.

"저들은 땔감을 팔아 생계를 연명하는 사람들인데…. 벌금을 내라고 하면 결국 감옥에 가야 하고, 식구들은 굶어야 한다네. 내가 어떻게 하면 좋겠나?"

"세상이 그런 걸 어쩌겠나. 그렇다고 눈감아줄 수도 없는 노릇이 아닌가?

그러면 자네가 혼이 날 텐데.”

“내가 무언가 도움이 될 수 있는 방법이 있지 않을까?”

“방법은 무슨 방법. 그냥 남들 하는 대로 따라하는 게 상책이지. 그리고 그게 어디 자네 탓인가? 너무 괴로워 말게.”

친구들의 위로도 별로 도움이 되지 않았다. 혼자 괴로워하며 하루하루를 보내던 어느 날, 그는 마음을 고쳐먹었다.

‘무조건 마음 상해하고, 괴로워해봤자 아무런 도움이 안 돼. 도둑이 시키는 내 집 창고 관리지만 그렇다고 엉망으로 하면 나만 손해지. 당장 부당한 현실을 바꿀 힘은 없지만, 내게 주어진 영역 안에서 작게라도 도울 수 있는 일이 있을 거야.’

그렇게 생각하니 금세 좋은 생각이 떠올랐다.

‘조합비를 못 내는 조선 사람들에게 간벌 업무를 맡기면 어떨까?’

‘간벌’이란 나무 사이에 바람이 잘 통하고, 햇볕이 잘 들도록 가지치기하는 일이다. 그렇게 하면 목재용 나무도 잘 자랄 것이고, 잘라낸 가지들은 땔감용으로 손색이 없을 터였다.

“나무의 옆으로 벌어진 가장 큰 가지의 아랫부분까지만 베어내십시오. 그것을 땔감으로 내다 팔면 조합비를 낼 수 있을 것입니다. 그러면 생활에 무리가 없겠지요?”

이리저리 도망만 다니던 사람들에게는 이보다 반가운 소식이 없었다.

“그렇게만 되면 정말 좋겠습니다. 정말 고맙소!”

간벌 허용은 사실 그에게는 없는 권한이었다. 그러나 그가 평소에 일을 잘했기 때문에 상사들이 모른 체해 주었다. 나중에는 싫다고 그만두었지만, 그 당시에는 마을 사람들의 이런저런 사정을 돌보면서 일하게 되니 산림기수보가 되길 잘했다는 생각에 보람이 있었다.

제2의 인생

                                    "이게 얼마 만인가? 돌아왔다는 말은 들었네."

사촌 동생 이원만이 일본에서 성공해 돌아왔다는 소식을 들은 이원기는 한달음에 달려왔다.

"에이, 형님. 말씀 놓으세요."

"그건 안 될 말이지. 이제 어른이 아닌가?"

높임말을 써 주는 형님의 태도에 이원만은 시간이 많이 흘렀음을 새삼 느꼈다.

이원만은 일본으로 떠날 당시 산림기수보 자리를 마련해준 사촌 형에게, 미처 말하지 못하고 떠난 것이 내내 마음에 걸렸다. 이번 기회에 그때 못한 인사까지 모두 할 참이었다. 그러나 이원기는 대범하게 말했다.

"무슨 소린가. 남자가 뜻을 세웠으면 떠나는 것이지. 내게 출세하고 싶다더니, 정말로 출세했네그려. 내가 사람 하나는 제대로 봤어."

두 사람은 일본에서 지냈던 일이며 해방 후 세상 돌아가는 사정을 이야기하느라 시간 가는 줄도 몰랐다.

"그래, 한국에서는 앞으로 무얼 할 생각인가?"

"아직 마땅히 정하지는 못했습니다만, 사업을 다시 시작해도 이번에는 좀더 뜻깊은 일을 찾으려 합니다."

그는 대구역의 참사를 보고 느낀 점을 이야기했다.

"그래? 제2의 인생을 살 거라면, 이번에는 나와 함께 일해보는 건 어떤가?"

"예?"

"나는 해방된 조국을 이끌 정당을 만들고 있어. 자네처럼 젊고 열정에 찬 사람들이 필요해."

"제가 정치를 말입니까?"

생각하지 못한 제안에 이원만은 어안이 벙벙했다.

"당장 답을 달라는 것은 아니니 잘 생각해보게."

이원만은 정치를 하면 자신의 의견이 나라의 정책에 반영할 수 있다고 생각하니 멋진 일이라고 생각했다. 고민하던 끝에 이원만은 의원을 하기로 마음먹었다. 쇠뿔도 단김에 빼랬다고 그는 이원기가 있는 동네로 이사할 준비를 했다.

"정말 멋진 집입니다. 땅이 800평이나 되고, 하늘에서 내려다보면 임금 왕(王)자 모양이랍니다."

집 주인의 자랑이 끊이지 않았다.

"음, 정말 마음에 듭니다."

이원만은 흡족했다. 집이 넓고 좋은 것은 사실이지만 근처에 이원기가 있다는 것이 든든하고 좋았다.

　살 집을 마련하고 일본 사람이 운영하던 대구의 한 직물 공장을 넘겨받았다. 이름은 '경북기업주식회사'였다. 직조 기계 60대를 놓고 뉴똥(빛깔이 곱고 보드라우며 잘 구겨지지 아니하는 명주실로 짠 옷감. 흔히 여자들의 치맛감이나 저고릿감으로 사용)을 만들었다. 살림은 넉넉해졌고, 사업가로서 이름도 알려졌다. 그러나 회사의 운영보다 정치에 마음이 갔다. 얼마 지나지 않아, 일본에 있던 아들 이동찬이 돌아왔다.

　"동찬아, 살아 돌아와서 고맙다. 정말 고맙다!"

　이원만의 아내와 어머니는 전쟁 중에서 살아 돌아온 그를 붙잡고 기쁨의 눈물을 흘렸다. 며느리는 어깨만 들썩이고 서있었다. 이원만도 아들이 돌아와서 기뻤지만 쑥스러워서 겉으로는 담담한 척했다.

　"고생이 많았지? 어찌 지냈느냐?"

　"무조건 살아야 한다는 생각으로 지냈습니다."

　죽음을 넘나드는 전투가 이동찬을 1년 사이에 더욱 듬직한 사내로 성장시켜놓았다. 이원만은 아들에게 준비한 말을 어렵게 꺼냈다.

　"네가 회사 일을 좀 맡아 다오. 너는 일본에서도 나와 함께 사업의 기초를 닦아봤으니 이곳에서도 잘해 나갈 수 있을 거다."

　이원만은 일본에서부터 이원천과 함께 사업을 도왔던 아들에게 사업을 전부 맡겼다.

　경북기업을 아들에게 맡겨둔 이원만은 그 뒤로 정치인들과 어울려 지내며 정치를 하려고 준비했다.

첫 선거

사람들은 해방된 조국에서 돈도 잘 벌고 행복하게 살 수 있을 것이라고 기대했다. 하지만 나라의 상황은 좋지 않았다. 남에서는 이승만, 북에서는 김일성이 각각 정권을 세우려 하는 가운데 사회는 점점 혼란의 늪으로 빠져들고 있었다. 서울에서는 각종 정당과 사회단체가 우후죽순(雨後竹筍, 비가 온 뒤에 솟아난 죽순이라는 뜻으로 어떤 일이 많이 생겨남)으로 생겼다. 우익단체인 '건국준비 위원회'가 앞장 섰고, 여운형을 중심으로 한 정당과 정파가 '인민공화국' 수립을 선포했다. 이렇게 정치의 국면은 어수선했지만 그럴수록 이원만에게 새로운 꿈은 더 의미 있게 다가왔다.

'한국에는 지금까지 정치인이 없었다. 임금 없이, 일본 제국주의의 통제도 없이 우리 힘으로만 이루어지는 정치다. 나도 새로운 나라를 위해서 힘을 보태고 싶다.'

그는 한민당(한국민주당의 줄임말)이 만들어지자 이원기와 함께 한민당에 들어갔다. 한민당의 주력 인물은 이승만, 김구, 조병옥, 이호, 최윤동, 서상일 등이었다. 이원만은 경상북도 한민당의 청년 부장을 맡았다.

그는 정치 초년생이라 물불을 가리지 않고 여기저기 뛰어다녔다. 머지않아 재정 부장도 같이하게 되었는데, 그는 정치자금으로 많은 돈을 흔쾌히 내놓기도 했다. 서울에서 한민당의 지도부 인사들이 내려오면 이원만의 집에서 지내며 시국(時局, 국내외 정치 및 경제)을 논하기도 했다.

1948년에 접어들자 남북 총선거는 포기하고, UN이 지켜보는 가운데 남한만 총선을 하게 되었다. 5월 10일에 해서 '5·10선거'라고 불렸는데, 대한민국 역사상 처음으로 치러지는 민주주의 방식의 제헌 국회의원 선거였다.

"원만이, 자네를 영일 갑구의 한민당 소속 의원 후보로 공천(대통령 선거나 국회의원 선거에서 정당이 후보자를 추천하는 일)하려고 하네."

이 소식을 들은 이원만은 쾌재를 불렀다. 한민당은 이미 많은 국민들로부터 지지를 받고 있기에 당선 가능성이 높았다. 그리고 영일 갑구는 포항, 흥해, 달전이 포함된 지역으로 이원만 집안 사람들이 많았다. 역시나 유권자의 70퍼센트 정도가 그를 지지한다고 대답했다. 하지만 한민당의 공약은 이원만이 보기에 농산어촌 주민들에게 잘 통하지 않을 것 같았다.

의욕에 넘친 이원만은 자신만의 공약을 선보이기로 했다. 그는 먼저 국민 모두가 고쳐야 할 관습들을 지적했다.

"나라가 새 출발하는 만큼 국민들도 잘못된 관습을 버리고 새로운 생활을 시작해야 합니다. 여러분, 방립(부모님이 돌아가시고 상을 치르는 동안 쓰던 갓)은 왜 씁니까? 방립을 쓰는 이유는 상주가 죄인이라는 것인데, 그것은 현대적으로는 맞지 않습니다. 제가 버스에 탔을 때, 방립을 쓰고 오른 사람이 있었습니다. 방립은 버스 안에서 사람이 움직이는 데에 방해가 되었습니다. 제사를 지내는 시간도 다시 생각해봅시다. 자정이 넘은 깊은 밤이나 새벽에 지내지 않고 밤 7시나 8시에 제사를 지내면 제사를 지내고 집에 돌아갈 사람은 갈 수 있습니다. 모두가 편히 잘 수 있으며 식사를 차리는 번거로움도 덜 수가 있을 것입니다. 또 중년이 넘은 남자들이 장죽(긴 담뱃대)을 가지고 다니는 것도 그만둡시다. 늙지도 않은 사람이 오로지 점잔을 빼려고 장죽을 빨면서 다니는 건 보기 안 좋습니다. 사람이 늙지 않으려고 노력해야 하는데 거꾸로 늙은 척을 하고 다니는 것은 말이 되지 않습니다.”

열을 올리며 연설했지만 사람들의 반응은 좋지 않았다.

“고봉이라고 해서 밥을 밥그릇에 넘치게 담는 것도 고칩시다. 먹는 양이 문제가 아니라 질이 중요합니다. 영양이 문제입니다.”

이원만이 이렇게 말하면 청중석에서 불만이 터져 나왔다.

“무슨 소리야? 밥을 많이 먹어야 힘이 나고 일을 잘하지.”

“그런 소리, 그만해라!”

돌멩이도 날아왔다. 이원만은 선거를 치르는 것이 처음이라 열정이 넘쳤고 높은 이상을 가지고 있었지만, 유권자들의 마음을 헤아리고 만족시키는 데에는 서툴렀다. 심지어 같은 한민당 동료들이 말려도 그는 자신의 주장을 굽힐 줄 몰랐다.

“여러분, 옛날에 어떤 사람이 지구가 돈다고 말했습니다. 모두가 그 사람을 미쳤다고 했지요. 옛날 사람들은 지구는 가만히 있고 하늘이 돈다고 믿었습니다. 하지만 지금 우리는 지구가 도는 것을 알고 있습니다. 우리는 옛 습관을 버리고 새로운 생활을 해야 합니다.”

그의 이런 주장에 반대파들이 수군댔다.

“이원만은 여문 데가 있는가 하면 때로 허풍이야. 허풍 있는 것을 본인만 몰라.”

하지만 이원만은 자신이 잘못했다고 생각하지 않았다. 사람들도 선거를 처음 해보니, 민주주의가 무엇인지 제대로 몰라서 고무신, 막걸리 등을 들고 와 굽실거리는 후보들에게 표를 찍어주자는 분위기였다. 설상가상으로 선거는 가난한 사람들과 부유한 사람들의 대립 구도로 펼쳐졌다.

"이원만은 돈이 많습니다. 절대 표를 주면 안 됩니다."

돈이 있다는 이유로 가난한 사람들의 지지를 받지 못했다.

선거를 위한 홍보와 연설이 본격적으로 시작되면서 불꽃 튈 무렵, 당선이 유력한 후보자 김 씨가 그를 보자고 했다. 그는 교사 출신으로 말을 잘했다. 물론 이원만도 말을 잘했지만, 김 씨의 연설을 한번 들은 사람은 그를 찍어야 한다고 이야기할 정도로 놀라운 말솜씨를 가졌다. 그런 그가 갑자기 만나자고 제안한 것이다.

"단도직입적으로 말하겠습니다. 이원만 선생, 제가 양보하지요. 후보직에서 물러나 저의 지지자들을 몰아드리겠습니다."

"아니, 왜 그런 제안을 하십니까?"

그는 이원만의 눈을 쳐다보면서 조심스럽게 말을 꺼냈다.

"돈이 필요합니다."

"돈이라고요?"

"지금까지 선거자금을 만드느라고 집도 팔고, 논밭을 모두 팔아서 알거지 신세입니다. 이것만 갚아준다면 양보하겠습니다."

이원만은 어이가 없었다.

"도대체 얼마를 원하십니까?"

"이 정도면 어떻습니까?"

김 씨가 종이에 금액을 적었다. 실제 선거자금으로 쓴 돈의 10배는 되어 보였다. 이원만은 큰 소리로 웃으며 거절했다.

"하하하. 선생님 그 돈의 반만 제게 주십시오. 그러면 제가 양보하겠습니다."

남북한 총선 추진에 실패한 공산주의자들의 방해도 만만치 않았다. 이 때문에 이원만은 언제나 신변에 위협을 느꼈다. 외출할 때에는 가짜 수염을 달고 안경을 쓰고 알아보지 못하게 옷을 입고 어두운 밤에 다녔다.

그러던 어느 날, 그의 선거 사무실이 습격을 당했다. 선거 사무실에서 이원만이 잠시 눈을 붙이는 사이에 '쨍그랑' 하며 유리창 깨지는 소리가 났다. 그리고 사방이 곧 불타올랐다. 화염병이었다. 건물 밖에서 지키고 있던 경찰이 괴한들을 쫓아내긴 했지만 사무실은 잿더미가 되었다. 그래도 이원만은 포기하지 않고 포항 시내를 누볐다.

그러던 어느 날 밤이었다. 이원만이 선거 참모(윗사람을 위해 어떤 일에 손과 발이 되어 일하는 사람)인 김남조와 죽장면(경상북도 포항시에 있는 면)에 갈 때였다.

"사장님, 저는 이 죽장면을 지날 때가 제일 무섭습니다."

"무섭긴 뭐가?"

"공산당들이 득실대니 무슨 일이 벌어질지 몰라서 그러지요."

"이 사람, 그렇게 간이 작아서야."

이원만은 웃었지만, 사실 그도 죽장면에 갈 때면 늘 긴장이 되었다.

"아이쿠!"

운전대를 잡고 있던 김남조가 급하게 브레이크를 밟았다.

"왜 그래?"

"그, 글쎄요… 저기 뭔가가 있어요. 사람인가? 아니면 귀신?"

"예끼, 이사람! 정신 차려. 귀신이 어딨나?"

김남조는 그래도 얼어붙어서 잠시 머뭇거렸다. 그러다가 차를 슬슬 앞으로 몰고 나갔다.

"으아악!"

김남조는 소리를 지르며 머리를 운전대에 박았다. 자동차 전조등에 비친 것은 커다란 호랑이였다. 호랑이는 길 한가운데 떡하니 버티고 앉아있었다. 불빛을 받아 그 눈은 더욱 번쩍였다. 이원만도 놀랐다.

"경적을 울리면서 차를 바짝 대게. 쇠붙이 안에 타고 있는데, 저놈이 어찌하지는 못할 거야."

김남조는 벌벌 떨면서 창문을 모두 올리고 이원만이 시키는 대로 했다.

호랑이는 경적 소리와 불빛에 놀란 듯 곧 숲으로 사라졌다. 하지만, 이원만은 왠지 찜찜했다. 호랑이의 눈빛이 머릿속에서 잊혀지지 않았다.

그런데, 그의 불안한 예감대로 일이 벌어졌다. 선거 막바지에 김남조가 죽어서 발견된 것이다. 그는 이른 새벽에 선거 홍보용 소책자와 명함을 주머니에 가득 넣은 채 해변에서 시체로 발견되었다. 이원만은 충격과 슬픔에 휩싸였다. 선거 운동은 엉망이 되었다. 방해 공작을 펴는 반대편 당의 일로 밝혀지자 참모들이 하나둘 선거에서 손을 뗐다. 어떤 참모는 대문에다가 '잘못했습니다'라고 써 붙이고는 도망치기도 했다.

결국 이원만은 적은 표 차이로 지고 말았다. 밤을 새워가며 투표 결과를 지켜보던 이원만은 좌절했다. 무엇보다 국민들의 생각이 이해되지 않았다. 새로운 나라를 만들자는 사람들의 변함없는 태도에 실망했다. 그는 날이 새기 전에 자동차를 타고 대구로 내려왔다. 꿈은 산산조각 났고, 자존심에는 상처만 남았다.

'그래, 속 편하게 일본으로 돌아가자.'

선거에서의 뼈아픈 패배는 결국 그를 다시 일본으로 향하게 했다.

재일 한인 경제동우회

다시 일본으로

1948년 봄에 이원만은 다시 일본으로 갔다. 동생 이원천은 아사히피복공장 자리에 '아사히방적공업주식회사'를 설립하고 사장이 되었다. 그는 형이 귀국할 때, 남겨준 군복 등을 팔아서 자본금을 마련해 회사를 운영했다.

"형님, 이제부터 회사의 회장을 맡아주십시오."

"아니다. 나는 잠시 쉬면서 마음을 다스릴 생각이다."

이원만은 일본에서 무언가 새로운 용기를 얻고 싶었지만, 좀처럼 의욕이 서질 않았다.

바람을 쐬면서 마음을 달래려고 밖으로 나가면 패전국의 쓰라린 상처가 눈에 들어왔다. 일본의 상업도시였던 오사카는 미국 공군의 습격을 받고 전쟁에서 진 뒤 폐허가 되었다. 시커멓게 탄 양은 지붕으로 얹은 판잣집들이 여러 곳에 있었다. 식량이 모자랐기 때문에 시장에는 돈이 될만한 살림 도구가 집안에서 나와 팔리고 있었다. 이사갈 때는 아궁이 안의 재까지도 이삿짐에 실어가는 판이었다. 일자리도 턱없이 모자랐다. 어떤 사람이 전쟁이 끝난 뒤 배급식량만 먹다가 영양실조로 죽었다는 이야기는 여러 사람들 입에 오르내렸다. 어떤 젊은이들은 부모와 형제, 부인과 자식을 버리고 고향을 등지기도 했다.

어느 날, 이원만은 근처에서 큰 운동회가 열린다는 말을 듣고, 활기찬 풍경을 보면서 기분을 풀려고 밖으로 나갔다. 그런데 운동회 점심으로 나온 단팥죽에 떡 대신 소금이 잔뜩 들어있었다. 그것도 귀해서 그릇의 바닥까지 핥아먹는 사람들을 보고 있자니 이원만은 기분이 이상했다. 불과 몇 년 전에 본 일본인들의 모습과는 달랐다. 일본은 분명 35년 동안 한국을 핍박하고 수탈했었다. 그런데 처참해진 그들의 삶을 막상 지켜보니 마음이 아팠다. 이원만은 모든 불행의 시작은 일반 사람들보다 그릇된 선택을 한 정치 지도자들에게 있다는 생각이 들었다.

'그래, 정치 지도자는 사람들을 죽음으로 내몰 수도 있고 사람들을 구할 수도 있다. 한국에도 좋은 정치가가 필요해.'

이원만은 정치에 대한 꿈을 쉽게 접지 못했다. 형이 매일 같이 어떻게 살아야 할지 고민하는 모습을 지켜보는 동생 이원천의 마음은 착잡했다. 어떻게든 형에게 예전의 모습을 되찾아주고 싶었다.

"형님, 이제 그만 고민하시고 회사를 맡아주세요. 사실 형님의 회사나 다름없습니다."

그러나 이원만은 더 이상 오사카에 미련이 없었다.

"원천아, 나는 도쿄에서 새로운 시작을 해볼 생각이다."

"도쿄요?"

"그래, 나는 오사카에서 살 생각이 없다. 이제는 도쿄에서 일하고 싶어."

"도쿄는 형님이 생각하는 그런 모습이 아니에요. 공중에서 습격받아서 가옥의 80퍼센트가 불에 타서 없어졌을 정도인데 무엇이 남아있겠습니까?"

그러나 이원만의 결정은 누구도 말릴 수 없었다.

흔들리는 도쿄행 열차 안에서 이원만은 몇 년 전 특허 사용권을 위해 기차에 올랐던 때를 떠올렸다. 사오도메를 만나 어떻게 설득할까 고민하던 당시의 그는 간절했고, 패기가 있었고, 희망찼었다. 그런데 차창에 비친 지금의 모습은 왠지 나이보다 늙어보였다.

'그래, 열정이 없으면 늙는 거야. 이래선 안 돼.'

이원만은 마음을 다잡았다. 그는 왠지 모르게 도쿄가 자신의 인생에 전환점을 마련해줄 것이라는 기대가 생겼다. 차에서 내려다본 도쿄는 예전에 보았던 화려한 모습은 아니었으나 생각했던 것보다는 괜찮았다. 폐허 위에 건물들이 막 들어서며 도시가 활력을 되찾고 있었다. 번화가에 나가보면 노점상들도 있었다.

그런데 일본에 사는 한국인들의 형편은 여전히 어려웠다. 1945년 8월 20일, 미국의 맥아더가 도쿄에 입성하면서 한국 사람들의 법적 지위는 높아졌지만 경제적인 어려움에서까지 벗어날 수 있었던 것은 아니었다. 그들은 일본이 항복하자 거의 모두 실업자로 전락했다. 일본인들도 경제적으로 궁핍한 때이니 한국인들이 잘살 도리가 없었다.

재일 경제동우회

　　　　　　　　　　한편, 도쿄에는 두 개의 한국 정치 조직이 서로 대립하고 있었다. 하나는 북한 출신 재일(일본에 삶) 단체인 '조총련(재일 조선인총연합회의 줄임말)'이었다. 살기가 힘들어지자 북한 출신의 동포들이 공산주의자들을 모아서 조직한 것이었다. 그들은 남한 출신의 동포들을 자기편으로 끌어들이는 등 활발한 활동을 펼쳐 그 기세가 대단했다. 또 하나는 뒤늦게 결성된 재일 '거류민단(남의 나라에 사는 같은 민족끼리 조직한 자치단체)'이었다.

　이원만이 도쿄 생활에 익숙해지고 다시 사업을 일으킬 의욕을 찾아가고 있을 때, 오사카에서 편지가 한통 왔다. 아사히방적공업주식회사가 도산(재산을 모두 잃고 망함) 위기에 처했다는 것이다. 놀란 이원만은 오사카로 달려갔다. 아사히방적공업주식회사는 이미 부도를 내고 문을 닫은 상태였다. 아우는 침통한 표정으로 형을 맞았다.

　"어떻게 된 일이냐?"

　"우리 아사히방적공업주식회사는 은행 지점장의 배려로 은행에서 돈을 조금 빌려쓰고 있었습니다. 그런데 경쟁사인 일본 방적회사가 올바르지 못한 행위라고 본점에 투서(남의 잘못이나 드러나지 않은 사실을 적어서 몰래 보냄)를 냈습니다."

　당시 재일 동포들은 은행에 저금할 수 있어도 돈을 빌릴 수가 없었다. 그 사정을 딱히 여긴 은행장이 특별히 배려해서 아사이방적공업주식회사에 돈을 빌려준 것이 문제의 원인이었다.

"저희 사정을 봐준 은행 지점장에게 폐를 끼칠 수 없으니 책임을 떠안기로 했습니다."

"이런!"

이원만은 여전히 재일 동포에게 불리한 법과 관행을 보이는 일본에게 화가 났다. 아무리 열심히 일해서 일본 경제에 도움이 되어도 일본은 재일 동포들을 남처럼 대했다.

아우는 형님 앞에 돈 꾸러미를 내놓았다.

"100만 엔입니다. 오사카에 있는 모든 재산을 정리하여 남은 돈입니다."

"폭탄이 쏟아질 때에도 견뎌낸 우리다. 이렇게 주저앉을 수는 없어. 이것을 밑천으로 꼭 다시 일어서자."

이원만은 그 돈을 가지고 다시 도쿄로 향했다. 다른 나라에서 경제활동을 하려면 한 사람의 능력만으로는 한계가 있었다. 경제활동을 제대로 하려면 정치적인 힘이 필요했다. 이원만은 거류민단이 되어 정치에서도 활약하고 재일 동포를 위해서 헌신할 마음을 품었다. 그는 도쿄 시내에 살 곳을 정하고 거류민단의 핵심 인물인 김 씨를 만나 솔직하게 말했다.

"나는 도쿄에서 우리 동포의 지도급 인사들과 만나 정치에 관한 이야기도 하고 일본인 사업가들과 교류하고 싶습니다. 돈을 잘 벌기 위해 회사도 만들려고 합니다."

이원만은 김씨의 소개로 많은 사람들을 만나게 되었고 그들과 어울리며 자신의 자리를 넓혀갔다. 그는 일본에 사는 사업가들을 위한 단체를 만들기 위해 '풀뿌리'를 예로 들었다.

"나무는 바람에 꺾여도 풀은 그렇지 않습니다. 폭풍우에도 살아남습니다. 그 이유가 무엇인 줄 아십니까? 풀은 홀로 자라지 않습니다. 여럿의 뿌리가 땅속에서 손잡고 있습니다. 그것은 몇 백 년 묵은 큰 나무의 뿌리보다 강하면 그렇겠습니까? 약하니까 그렇습니다. 우리도 살아남으려면 뭉쳐야 합니다."

그의 열정에 많은 사람들의 뜻이 하나로 모였다. 1949년, 이원만은 경제단체인 '재일 한인 경제동우회'를 창립했다. 회장은 도쿄에서 갑부가 된 김영년, 부회장은 이원만이 되었다.

"사무실은 큰 것을 구해야 합니다. 아무리 경제단체라 해도 사무실이 빈약하면 남들에게 믿음을 주기 어렵습니다. 또 일을 활발하게 하려면 남의 눈에 잘 띄는 곳에 있어야 합니다."

이원만의 주장대로 큰 회사 사무실 못지않은 근사한 사무실이 시내에 마련되었다.

첫 회의가 열리는 날, 이원만은 자신이 생각하는 바람직한 경제인의 모습을 이야기했다.

"우리는 과거에 우리가 돈을 번 방법들에 대해서 반성하는 시간을 가져야 한다고 생각합니다. 혼란스러운 전쟁 속에서 혹시나 떳떳하지 못한 방법으로 재물을 모으지 않았는지 살펴봐야 합니다. 만약 그랬다면 잘못을 뉘우치고, 지금부터 우리는 정정당당하게 사업합시다."

그는 또 일본에 살고 있는 경제인들의 뿌리가 결국 고국이라는 점을 강조했다.

"여러분, 저는 일본에 있는 거류민단은 돈 많은 자산가가 이끌어야 하며 우리 경제동우회는 그것을 뒷받침해야 한다고 생각합니다. 또 일본 각 지역에 있는 회원들은 정해진 회비를 꼬박꼬박 내서 운영비가 끊이지 않게 해야 합니다."

그의 말에 모두 동의했다. 회원들은 경제단체를 세우고 사무실을 가져 뿌듯해 했다.

고국에 구호품을 보냅시다!

1950년에 접어들자 이원만은 도쿄에서도 어느 정도 자리를 잡게 되었다. 그런데 한국의 정치 상황에 대해서 들리는 소문이 흉흉했다. 북한은 군사력을 키우고 있었지만 남한은 여기에 대해서 별다른 대처가 없었다. 미군까지 철수한 상황이었다. 그는 불안했다. 불안한 느낌이 맞아떨어지듯 그해 6월 25일에 한국전쟁이 일어났다.

일본 신문에 실린 한국 소식을 읽고 그는 착잡하고 가슴이 찢어지는 것 같았다. 전선이 삼팔선 위 아래로 옮겨다니는 동안 이원만은 가족들 걱정에 가슴이 타들어갔다.

그런데 일본은 한국전쟁 덕을 봤다. 한국전쟁 때문에 공업단지의 기계가 동시에 움직이기 시작하면서 일본 경제가 살아난 것이다. 전쟁에 필요한 트럭이 많이 만들어졌고, 자동차업계는 돈을 벌었다. 100퍼센트 상여를 내는 회사가 넘쳐났다. 백화점 매장도 활기를 띠었고, 식량 사정도 좋아져 문을 닫았던 식당들도 다시 문을 열었다. 옥상에는 어린이 전차 등의 레저시설도 갖추었다. 한국 사람들은 전쟁에 시달리면서 죽느냐 사느냐 하고 있는데, 일본 사람들은 전쟁 때문에 경제가 회복되어 처음으로 생활의 즐거움을 맛보기 시작한 것이다.

이원만은 마음이 찢어질 듯이 아팠다. 고국의 전쟁 소식은 해외 동포들에게 큰 충격과 슬픔을 안겨주었고, 그들은 조국을 위해 할 수 있는 일들을 고민했다. 일본에서 고등학교와 대학을 다니던 유학생 642명이 애국심을 발휘해 한국전쟁에 참여했다. 해외에 나간 국민이 자신의 나라를 구하기 위해 전쟁터에 뛰어든 최초의 사건이었다.

이원만도 경제동우회 회원들과 조국을 위해 무엇을 할지 논의했다.

"여러분, 저는 고국의 전쟁 소식을 듣고 중국 위나라 조조의 아들 조식의 시가 생각났습니다. 형이 아우의 재주를 시기해서 일곱 발자국 걸을 동안 시를 짓지 못하면 죽여버리겠다고 위협을 하니, 아우가 이렇게 시를 지었다고 합니다.

콩깍지를 태워 콩을 삶으니 솥 안에 있는 콩이 우는구나, 본래 같은 뿌리에서 생겨났거늘 어찌하여 그리도 급히 상대를 삶을까?

같은 뿌리에서 난 콩처럼 남과 북은 같은 민족인데, 전쟁이라니요. 이렇게 비통한 일이 또 있습니까! 우리가 비록 고국을 떠나 있지만 이대로 있을 수는 없습니다. 힘을 모아 조국을 도웁시다!"

그들은 우선 돈을 조금씩 모아 구호자금을 만들었다. 하지만 흡족한 액수가 아니었다.

"제법 모였습니다만, 이 돈을 좀더 늘려서 조국에 보냅시다."

"방법이 있소?"

이원만은 고민하다가 아이디어를 하나 냈다.

"실을 배급받아 우리가 실로 제품을 만들어 팔고 수익금으로 구호품을 사서 보내는 겁니다."

"그거 좋은 생각이오."

일본 정부에 사정을 설명하고 배급받은 실로 메리야스 조합에서 옷을 만들어 팔았고, 그것으로 알루미늄 식기와 의류를 장만했다. 그렇게 세 트럭 분의 구호품을 무사히 한국에 보냈다. 그것은 해외 동포들의 힘으로 마련한 최초의 구호품이었다.

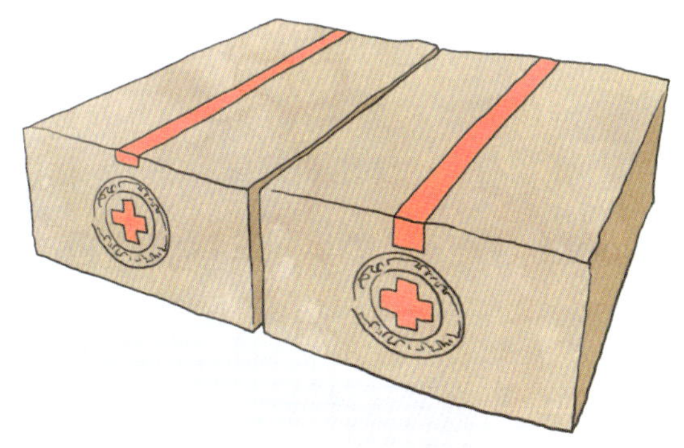

재일 동포 신용조합

한국전쟁은 한 민족이 둘로 나뉘는 아픔을 겪으며 1953년 7월에 끝이 났다. 그로부터 3년 뒤에 이원만은 재일 한국인무역협회를 만들었다. 회장으로 취임한 그에게는 한 가지 큰 목표가 있었다. 일본에 은행을 만드는 것이었다.

"일본에서 한국인 사업가들이 사업하려면 무엇보다 은행과의 거래가 중요한데 이것이 순조롭게 해결되지 않았습니다. 일본 은행들은 한국 사람의 예금은 좋다고 받으면서 돈은 꿔주지 않습니다. 우리도 은행을 만듭시다."

회원들은 모두 찬성했다. 이원만은 바로 일본 정부에 은행 설립을 요청했다. 그런데 일본 정부는 한국 사람이 일본에 은행을 세울 수 있게 허락하지 않았다. 그 대신에 신용조합을 만들 수 있게 했다. 신용조합을 만들면 은행과 비슷한 기능을 할 수 있었다.

그런데 문제가 생겼다. 북한 출신 조총련계 사업가들도 신용조합을 만들겠다고 서두르기 시작한 것이다. 일본 정부에서는 이 일을 마뜩잖게 생각했다.

"일본 정부에서는 두 개의 신용조합을 허가할 수 없습니다."

이원만은 고민했다. 하지만 신용조합을 만드는 것이 먼저였기에 회원들을 설득했다.

"조총련계 사람들과 함께하는 것이 썩 내키지는 않지만, 우선 은행을 같이 만들고 봅시다.”

그러나 이름을 정하는 것부터가 싸움거리였다. ‘한국’이나 ‘대한’이라는 이름을 쓰고 싶었지만, 조총련계에서는 반대했다. 양쪽이 이름을 정하는 데에서부터 신경전을 벌이게 되었고, 결국 경제동우회의 ‘동’자와 인민 공화국의 ‘화’자를 합쳐서 ‘동화 신용조합’이라고 지었다.

조합장을 뽑는 과정에서도 조총련계 사람들과 마찰이 생겼다. 거류민단계의 한 이사가 자신이 조합장을 하겠다고 나서니 조총련계는 그가 조합장이 되면 신용조합의 사무실을 자신들의 건물에 두어야 한다고 우겼다. 결국 조총련계 사무실에 신용조합 사무실을 두게 되었다.

“회장님, 이건 우리가 생각한 바와 많이 다릅니다. 사람들이 공산청년회관으로 돈을 빌리러가는 모습을 보십시오.”

“신용조합 간판을 우리 경제동우회 건물로 옮겨야 합니다.”

회원들의 불만은 하늘을 찔렀다.

“그 사람들이 순순히 간판을 내놓겠습니까?”

“안 되면 힘으로 뺏어와야지요.”

힘이 센 편이었던 경제동우회 회원 김덕용이 나섰다. 며칠 지나지 않아 그는 지휘관이 되어 조총련과 치열한 간판 전쟁을 벌였다. 싸움은 한 달 동안 계속되었다.

‘타향에서 힘을 함께 모아야 할 판에, 이게 무슨 꼴인가! 조국이 분단되니 이런 비극이 벌어지는구나….’

이원만은 가슴이 아팠지만, 별다른 방도가 없었다. 결국, 일본 정부가 조합 승인을 하나 더 허가하면서 전쟁은 일단락되었다.

경제동우회 측에서는 '한성 신용조합'을 만들었다. 초대 이사장은 김덕용이 맡았다. 한성 신용조합은 일본에 사는 한국 사람들에게 희망이었다. 가난한 동포들에게 생활자금과 장사 밑천을 빌려주었고 실업가들에게는 기업자금을 빌려주었다. 한성 신용조합은 날로 사업이 번창했다. 그동안 재일 동포들에게 은행의 도움이 절박했었다는 뜻이기도 했다.

일본 여러 곳에 한성 신용조합 지점이 필요했다. 그러나 자금이 부족했다. 재일 동포들의 힘만으로는 자금을 마련하기 어려워 조국에 도움을 요청을 해야 할 상황이었다.

"지금 한국은 재정적 여유가 없습니다. 전쟁을 막 끝내서 온 국토가 폐허가 되었는데 무슨 돈이 있겠습니까?"

회원들은 침통한 표정으로 포기하려 했다. 하지만 이원만은 생각이 달랐다.

"우리의 조국이 가난한 것은 사실입니다. 하지만 우리도 비빌 언덕이라고는 조국밖에 없지 않습니까? 되든 안 되든 제가 가겠습니다."

이원만은 자금 마련을 위해 비장한 각오로 한국으로 돌아와서 주요 기관을 방문했다. 그런데 한국의 행정가와 정치인들 가운데는 재일 동포에 대해 좋지 않은 인식을 가진 사람들이 많았다. 그들은 재일 동포들이 일제에 빌붙어 재산을 모은 것처럼 생각했다. 이원만은 어떻게든 그런 오해를 풀어 없애고, 자금을 구해야 했다.

이원만은 자금 모금을 위해 국회에서 연설했다.

"국회의원, 여러분!"

그가 입을 열었다. 재일 동포의 사정을 알리고 한성 신용조합의 어려움을 호소했다.

"재일 동포 경제인들은 많은 잠재력을 가지고 있습니다. 이번에 도와주면 반드시 더 크게 보답할 것입니다. 사소이미즈가 꼭 필요합니다."

'사소이미즈'가 나오는 순간, 분위기가 싸늘해졌다. 일본에 대한 감정이 안 좋은 국회에서 그만 일본말을 써버렸으니 당연한 일이었다. 사소이미즈란, 펌프에서 물이 나오지 않을 때 물을 뽑아내기 위해 펌프 안에 붓는 물이었다. 한국말로는 '마중물'인데 이원만은 마중물이라는 단어를 미처 생각하지 못했다. 그도 순간 잘못했다고 느꼈다. 하지만 당황하면 모든 게 끝이라는 생각에 얼른 말을 이었다.

"마중물만 넣어주십시오. 그러면 물이 콸콸 나올 수 있습니다. 우리 재일 동포들도 조국에 보답할 경제 역군이 될 수 있습니다."

국회의원들은 잠시 차가운 눈빛이었지만, 곧 이성을 찾았다. 그가 일본말을 썼지만, 알맞은 상황에 쓴 것이라 일단은 고개를 끄덕였다.

국회는 그 절반인 100만 달러를 주어 돕기로 했다. 신문에 보도가 되자, 기다렸다는 듯이 오사카를 포함해 여러 곳에 신용조합이 생겨났다. 모두 한국인이 만든 것이었다.

나 자신을 긍정하는 것이
성공의 첫걸음이다!

롱거버거(Longaberger)! 이름만 들으면 햄버거 회사인가 싶지만 이것은 미국의 고급 수제 바구니 회사입니다. 연간 매출액이 10억 달러, 우리 돈으로 약 1조 2,000억 원이나 되는 큰 회사입니다. 이 회사의 창업자 데이브 롱거버거는 대대로 바구니 짜는 일을 해온 가난한 집안의 열두 남매 가운데 다섯째 아들이었습니다.

롱거버거는 지독한 말더듬이에다가 고등학교를 졸업하는 데는 7년이나 걸릴 정도로 열등생이어서 늘 마을 사람들의 놀림거리였습니다. 그러나 롱거버거는 결코 실망하거나 좌절하지 않았습니다. 그는 스스로에게 말했습니다.

"사람이 모든 일을 다 잘할 수는 없는 거야. 나는 다른 아이들보다 눈도 잘 치우고, 잔디도 더 멋지게 깎을 수 있어. 무엇보다 바구니를 만드는 데 나를 따라올 사람은 없어."

그는 고등학교를 졸업하고 정성을 다해 바구니를 만들었습니다. 사람들은 그의 아름다운 수공예 바구니에 열광했습니다. 마을 사람들이 조롱하던 열등생 롱거버거는 머지않아 미국에서 가장 큰 바구니를 만드는 회사의 사장이 되었고, 마을의 자랑거리가 되었습니다. 그의 고향인 오하이오의 드레스덴에는 현재 롱거버거 본사 건물이 있는데, 그곳에는 매일 관광객이 끊이지 않고 있습니다. 바구니와 똑같이 생긴 본사 건물 안에서 기술자들이 직접 바구니를 만드는 것을 볼 수 있기 때문입니다.

이원만은 일본에서 '조센징'이라고 설움을 많이 당했습니다. 부자가 되어 한국에 와서도 정치를 하기에는 조금밖에 배우지 못했다며 공격을 많이 당했습니다. 사람들은 그가 사투리를 쓰면 촌스럽다고 비웃었고, 일본에서 사느라 입에 밴 일본말을 하면 멸시의 눈

길을 보내기도 했습니다. 하지만, 그는 결코 위축되거나 좌절하지 않았습니다. 사투리를 쓸 때면 당당하게 "사투리가 아니라 신라시대 표준어다!"라고 재치 있게 받아쳤습니다. 그리고 경제 분야에 많은 아이디어를 내 정치 이론에 밝은 사람들에게 뒤지지 않는 정책을 제시했습니다.

젊고 잘생기고 학벌이 좋은 사람들만 성공을 할 수 있는 것이 아닙니다. 자기 자신을 긍정하고 자신이 가진 무한한 능력을 믿는 것이 중요합니다. 아무리 훌륭한 재능을 가진 사람도 자신을 믿지 못하면 그 재능을 펼쳐 보일 수 없기 때문입니다. 롱거버거가 그랬듯이, 기업가 이원만이 그랬듯이 자신을 믿고 자신의 장점을 발견하고 키우는 것이 성공의 첫걸음임을 기억해야 합니다.

나일론으로 새 시대를 열다

기업가가 이윤을 올리는 것은 당연한 것이고

그것이 국가의 이익이 되면 상지상의 사업인 것이다.

나는 내가 하고 있는 나이롱 사업과 폴리에스텔 사업이

상지상의 사업이라고 자부한다.

꿈의 섬유, 나일론

삼경물산

1953년에 재일 한국인무역협회를 만들겠다는 이원만의 결심은 한국전쟁이 한창이던 1951년에 시작된 일이다.

전쟁 직후 일본에 상륙한 미군은 일본의 대기업들을 해체했다. 이 기업들이 군대와 손잡고 군수사업을 일으켰고, 전쟁에 참전했다는 이유였다. 그때 흩어진 기업은 '미쓰이재벌(1876년 설립된 미쓰이은행과 미쓰이물산에서 나온 일본 최대의 재벌이다. 제2차 세계대전에서 진 후 미국에 의하여 재벌이 흩어졌다. 그러나 제국은행은 그대로 남았으며, 다른 사업들도 나눠져 미쓰이그룹으로 계승되었다)', '미쓰비시', '야스다', '스미토모' 등이었다. 이 대기업의 임원들은 경제계에서 추방되었고, 그 아래 업체들도 모두 흩어지고 무너졌다. 그러다 중간 직급의 임원들은 새로운 공장과 회사를 만들어 운영했는데, 얼마 전부터는 무역의 길이 트여 무역회사를 세우려고 열을 올리고 있었다. 이원만은 한국도 전쟁이 끝나면 무역으로 물자를 마련해야 하는데 옆 나라인 일본과 무역을 피할 수 없다는 생각이 들었다.

이원만은 '고요무역'이라는 회사의 야마기시라는 사람을 찾아가 같이 사업하자고 했다. 고요무역은 미쓰이재벌에 있던 중간 직급의 임원들이 만든 회사였고, 야마기시는 경성 지점장으로 한국에 대해 잘 알았다. 이원만은 그에게 앞으로 한국과 일본은 활발한 무역이 이루어질 것이고, 그에 발맞춰 새로운 회사를 설립할 것이라고 밝혔다. 야마기시는 이원만의 뜻을 받아들여 같이 회사를 세우기로 결정했다. 회사 이름은 미쓰이의 한자음 삼정(三井)의 앞글자 '삼'과 이원만의 고향인 경상북도의 '경'자를 따서 '삼경물산'이라고 지었다. 이원만이 100만 원, 야마기시가 100만 원을 투자했고, 사장은 이원만이 맡았다.

나일론에 반하다

1952년 겨울에, 미쓰이재벌에 있던 미쓰이물산의 이소베라는 사람이 그를 찾아왔다.

"이 사장님, 이걸 한번 보십시오."

그가 꺼내 놓은 것은 빛나고 가느다란 실이었다.

"이 실은 강철처럼 질기고 윤기가 있습니다. 벌레도 먹지 않습니다. 게다가 세탁하면 금세 마르지요."

"이 세상에 그런 실도 다 있습니까?"

이원만은 깜짝 놀랐다.

"나이롱이라는 합성섬유입니다. 석탄에서 뽑아낸 것이지요."

"나이롱?"

나이롱은 나일론의 일본식 발음이었다. 전 세계 합성섬유 소비량의 20퍼센트 정도를 차지하는 나일론은 미국의 화학자 캐로더스가 개발하고 듀폰이 공업화해서 1938년 뉴욕세계박람회에서 성과를 발표한 섬유였다.

이듬해부터 나일론 스타킹이 판매되기 시작했다. 나일론 개발보다 50년이나 앞서 1884년에 프랑스 사람이 '인조견사'를 개발하기는 했지만, 나일론은 인조견사와 비교할 수 없을 만큼 품질이 뛰어났다. 듀폰은 나일론 광고 문구를 '공기와 물, 그리고 석탄으로 만들어졌으며 거미줄보다 가늘고 강철보다 질기며 비단과 같이 부드럽다'라고 했다. 일본에서도 1939년에 이와 비슷한 '비닐론'이라는 합성섬유를 발명했고, '도요레이온(1926년 미쓰이물산이 설립. 1963년 이름을 '도레이'로 바꾼 뒤 첨단 재료로 영역을 확대한 글로벌 소재기업)'은 석탄에서 '카프로락탐'이라는 물질을 추출해 나일론 원료로 쓰이는 '나일론6'을 제조하는 데에 성공했다. 1951년 6월에는 아예 듀폰에서 나일론을 만드는 기술을 가져와 본격적으로 제품을 생산하고 판매하기 시작한 것이다. 이런 내용을 알게 된 이원만은 두 가지를 깨달았다.

'도요레이온은 전쟁 중에도 기술을 받아들일 준비가 되어 있었어. 모두들 이제는 일본이 완전히 망했다고 생각하지만, 결코 그렇지 않을 거야. 그리고 다시 우뚝 서는 데 필요한 것은 바로 '기술'이지.'

이소베가 말을 이었다.

"이 나일론의 한국 회사가 되어 주십시오."

이원만은 그가 오려온 신문 기사들을 보았다. 영어로 된 신문이라 내용은 자세히 알 수 없었지만, 《뉴욕타임즈(The New York Times)》에 실린 사진 한 장이 눈에 띄었다. 사진에는 줄을 길게 늘어선 사람들이 보이고 그 옆으로 한껏 멋낸 여성이 뽐내는 표정으로 길거리에 앉아서 스타킹을 신고 있었다.

"그 사진만 보아도 서양 여성들이 얼마나 스타킹을 좋아하는지 알겠지요? 얼마나 좋으면 집에 가기도 전에 신어보겠습니까?"

당시의 미국 여성들은 바지를 입는 경우가 드물었다. 1년에 최소 여덟 켤레의 실크나 면 스타킹이 필요했다. 실크는 두껍고 신축성이 좋지 않아 불편했다. 그런데 얇고 비쳐 보이면서 질기기까지 한 나일론 스타킹이 나온 것이다. 실제로 많은 미국 언론이 나일론을 연금술에 비유하며 수많은 기사를 쏟아냈다. 나일론 스타킹은 실크보다 비싸게 팔렸고, 순식간에 동나 버렸다. 수많은 여성들이 나일론 스타킹을 사기 위해서 길게 줄을 설 정도였다.

"이 얇고 비치는 나일론 스타킹 덕분에 서양 여자들은 다리털도 깎는다는군요. 그래서 면도기도 잘 팔린답니다. 하하하."

"대단하군요. 이런 것을 그 시커먼 석탄에서 뽑아낸단 말입니까?"

이소베는 나일론이 만들어지는 과정을 간단하게 설명하기 시작했다. 이원만은 귀를 열고 집중했다.

나일론은 원료와 제조 원리에 따라 다양한 종류가 있는데 의류용으로 대표적인 것이 나일론 66, 나일론6이었다. 이원만은 나일론을 들고 당장 한국으로 가야겠다는 결심을 굳혔다.

나일론 전성시대

이원만은 나일론을 가지고 한국에 왔다. 1953년, 아직 한쪽에서는 전쟁이 치열하게 계속되고 있었지만, 다른 한쪽에서는 재건과 복구가 한창이었다. 섬유산업도 활기를 띤 산업 중 하나였다. 그러나 나일론에 대한 한국 사람들의 반응은 이원만의 기대와 달랐다.

사람들은 나일론에 대해서 잘 알지 못했다.

"나이롱? 그게 뭡니까?"

"정전기가 생겨서 몸에 해롭다는데?"

"나이롱 양말을 신으면 무좀이 생겨서 못써요."

"그렇게 질기다면 물건을 새로 사지 않을 텐데…. 머지않아 양말 공장, 옷 공장이 다 문을 닫겠네."

"양말뿐 아니라 의류라는 것은 질긴 맛으로 신거나 입는 것이 아닙니다. 유행과 무늬를 보고 삽니다. 한없이 질기다는 나이롱은 필요 없습니다!"

동종 업계 사람들도 일반 소비자들만큼 화학섬유인 나일론에 대해 아는 것이 없었다. 이원만은 자신의 생각과 다른 사람들의 반응에 당황스러웠지만, 열정만 앞세워 승리를 확신했던 선거 당시의 경험을 떠올렸다. 자신의 생각보다 상대방의 마음을 헤아려 다가가야 한다는 깨달음이 생각났다.

"물론 좋은 말씀입니다. 그러나 아직까지 사람들은 유행보다는 경제적인 것을 더 따진다고 생각합니다. 질기니까 오래 쓸 수 있지 않습니까? 잘 생각해보십시오."

그는 많은 사람들에게 나일론을 알리기 위해 대구 호텔에서 기자 회견을 열었다. 호텔에 가득 모여든 기자들도 화학섬유를 몰랐다. 이원만은 나일론의 원료와 생산과정, 특징을 알기 쉽게 잘 설명했다. 그리고 마지막에 한마디 힘을 주는 것도 잊지 않았다.

"두고 보십시오. 앞으로는 우리 살림살이가 확실히 달라집니다. 나일론 섬유뿐 아니라 모든 분야에서 화학의 힘을 확인하게 될 겁니다. 이제 플라스틱의 시대가 옵니다. 지붕 위에 주렁주렁 열린 박 대신 플라스틱으로 바가지가 만들어질 겁니다.”

이원만의 열띤 홍보를 듣고 국내 몇몇 업체들이 연락을 했다. 석산양말과 금강양말 등이었다. 그들이 만든 나일론 양말은 곧 폭발적인 인기를 얻었다. 나일론 양말을 일단 신어본 사람들은 나일론 양말을 다시 찾지 않을 수 없었다. 나일론 양말의 인기는 하늘 높은 줄 모르고 치솟았다.

나일론이 한국에 들어온 뒤 가장 크게 변한 것은 여성들의 생활이었다. 예전에는 어느 집 여인들이건 바느질과 길쌈에서 자유로울 수 없었다. 남편들과 자식들의 옷을 짓느라 밤샘하기 일쑤였고, 지어준 옷들이 닳으면 그것을 꿰매고 다리느라 또 밤을 샜다. 양말은 엄지발가락 부분과 발뒤꿈치 부분에 구멍이 잘 나서, 저녁 설거지를 마치고 나면 방에서 전구에 양말을 씌워 구멍 난 곳을 꿰매는 것이 일상이었다. 그런데 질기고 튼튼한 나일론 양말은 여성에게 자유를 주었다. 나일론 덕분에 여성들은 남편과 자식들을 위해 바느질하던 시간과 에너지를 아껴 다른 곳에 쓰게 되었다. 삶의 질은 점점 높아졌다.

생활이 바뀌다 보니 나일론이 최고로 여겨졌다. 화투 게임에도 ‘나이롱 뻥’이라는 종류가 생겨났다. 달고 맛있는 참외는 ‘나이롱 참외’라고 불렀고 ‘나이롱 버스’도 있었다. 뭐든 재미있고 좋은 것에는 다 ‘나이롱’을 갖다 붙였다.

그러던 어느 날, 이원만은 잘 안되던 경북기업을 정리하고 서울 청진동 고려화재 빌딩에 자그마한 사무실을 냈다. 그리고 ‘삼경물산 서울 사무소’라는 간판을 걸었다. 이곳은 일본에서 한국으로 수입되는 나일론 실의 수

익을 관리했다. 이어 '개명상사'라는 무역회사를 열어 함께 운영했다. 나중에 이 회사로부터 '코오롱상사'가 나온다.

　삼경물산 서울 사무소와 개명상사는 이원만의 아들 이동찬의 노력으로 탄탄하게 자리를 잡아갔다. 텔렉스(전화의 자동 교환과 인쇄 전신의 기술을 이용한 기록 통신 방식)나 이메일 등이 없고, 국제 전화도 일주일에 한 번, 그것도 10분 이상은 할 수 없었던 시절에 무역을 한다는 일은 지금보다 몇 배나 어려운 일이었다. 거의 모든 일을 서류로 작성해서 편지로 주고받아야 했다. 이 사업에 같이 힘썼던 이동찬은 하루 종일 일을 보러다니다가 밤 11시쯤 집에 들어와서 그때부터 편지를 썼다. 이동찬의 아들에게 누군가 "너희 아버지는 뭐하는 분이니?" 하고 물으면 "편지를 써서 돈을 버십니다" 할 정도였다.

이원만식 위기 탈출법

수첩이 녹음테이프

나일론 사업이 잘되니 그 사업에 눈독을 들이는 사람들이 생겨났다. 일본에서 사업하고 있는 어떤 한국 사람이 나일론을 대주는 수입업체인 미쓰이물산에 꼼수를 썼다. 이 사람은 처음부터 나일론 사업에 반대하고 다른 회사 물건을 썼었다. 그런 사람이 나일론 사업을 차지하겠다고 나서니 이원만은 기가 막혔다.

이원만은 미쓰이물산 사장인 모리에게 편지를 썼다.

"그 사람은 지금까지 라이벌인 듀폰을 홍보하고 도요레이온에게 손상을 입힌 사람입니다. 그런 사람이 사장님의 비서실에 와서 나일론을 취급하겠다고 수작을 걸다니요. 이것은 안 될 말입니다. 만약에 그 사람에게 실을 주면 저희 회사와 경쟁이 벌어지고 싸움이 일어날 겁니다. 그런 일이 없도록 해주십시오."

답장을 기다려도 오지 않자, 이번에는 직접 찾아갔다.

"모리 사장님, 막지 않으시면 정말 큰 싸움이 벌어질 겁니다. 잘못되면 지금까지 저희가 고생한 모든 것이 물거품으로 돌아갑니다."

모리는 무표정하게 앉아있었다. 울화가 치민 이원만은 특유의 비유법을 꺼내들었다.

"늙은 쥐가 이가 끊어지도록 담장에 구멍을 뚫어놓으니 뱀이 먼저 들어가서 혀를 내미는 꼴이 아니고 뭡니까?"

"이 사장님, 알겠으니 그만 돌아가시지요."

"그렇다면 말로 거래할 것이 아니라 이 참에 대리점 계약서를 한 장 써주십시오. 우리 삼경물산이 총대리점이라는 내용으로 말입니다."

"좋습니다. 그리하겠습니다. 대리점 계약하겠습니다."

모리는 시원스럽게 말했지만 문서를 만들 기미는 보이지 않았다.

"말로만 하지 말고 문서를 하나 써서 주십시오."

"에이, 이 사장님. 모리는 사나이예요. 내가 말하는 것은 쓰는 것보다 열 배의 효력이 있습니다. 내가 책임을 지겠습니다."

이원만은 안심이 되지 않았다.

"안 됩니다. 우리 둘끼리만 말로 하는 약속으로는 부족합니다. 문서를 하나 써 주세요."

"이 양반, 내 말을 믿으시라니까요. 책임을 진다는데 왜 이러십니까?"

모리도 슬슬 짜증이 나는 모양이었다.

"안 됩니다."

"나도 고집이 있는 사내입니다."

두 사람은 팽팽하게 맞섰다.

"그렇다면 이렇게 하시지요. 증인을 세웁시다. 공장의 부장 몇 사람을 불러주십시오."

할 수 없이 모리 사장은 사람을 몇 명 불렀다.

"대리점을 이원만 씨에게 주는데 문서로 쓰지 않고 말로 약속한다. 이것은 문서보다 열 배의 효과가 있다."

모리 사장은 증인들을 둘러보고 말했다.

"여러분, 다 들으셨지요?"

그들이 고개를 끄덕였다. 그 일이 있고 한 달 뒤, 이원만이 미쓰이물산 부장실에 갔을 때 일이다.

"어떤 회사에서 5,000파운드를 주문해왔습니다. 이 사장님을 거치지 않고 해도 괜찮으시지요?"

명백한 약속 위반이었다. 이원만은 예상했던 일이 일어나자 단호하게 거절했다.

"아니오. 내가 총대리점인데, 그게 무슨 말씀입니까?"

부장은 그의 얼굴을 빤히 쳐다보았다.

"총대리점이라고는 합니다만, 계약서가 있던가요?"

"있습니다."

부장이 그 대답을 듣고 빙긋 웃었다. 그의 눈은 '거짓말 마시오'라고 말하고 있었다. 문서가 없다는 것을 그는 잘 알고 있었다. 이원만이 주머니 속에 손을 넣어 보니 수첩이 만져졌다. 그는 즉시 그것을 꺼내 부장 앞에 펴 보였다.

“이것이 계약서입니다. 보입니까?”

“보이지 않는데요?”

그는 수첩을 조금 뒤로 빼면서 다시 물었다.

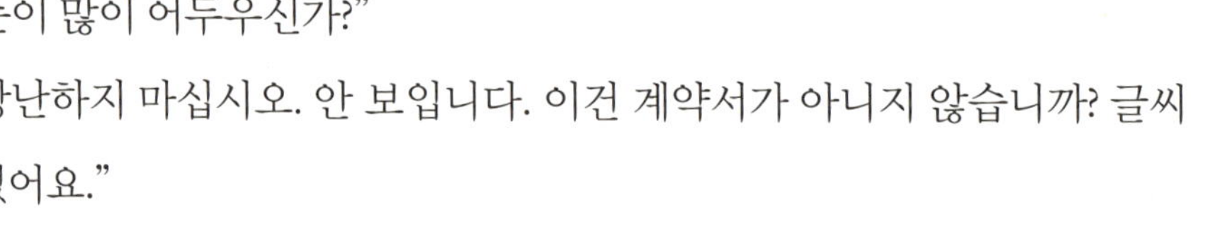

“이제는 보입니까?”

“아니요, 보이지 않는데요.”

“눈이 많이 어두우신가?”

“장난하지 마십시오. 안 보입니다. 이건 계약서가 아니지 않습니까? 글씨가 없어요.”

“내 눈에는 보이는데요?”

“거짓말 마십시오.”

“이것은 글씨가 아니라 녹음테이프란 말이오. 모리 사장님이 그때 한 말이 그대로 녹음되어 있는 거요. 모리 사장님의 ‘말이 문서보다 열 배의 효과를 가진다’라는 말을 당신도 들었지요? 대답하십시오.”

“모르겠습니다. 기억이 없소.”

“그래요? 그럼 사장실로 갑시다. 당신은 사장님한테 혼날 겁니다.”

그는 싫다는 부장을 끌고 사장실 쪽으로 갔다. 사장실 앞에 닿으니 그제야 부장이 손을 들었다.

“제가 잘못했습니다. 용서하십시오. 그 사람들이 와서 하도 조르기에 내가 그만 실수를 했습니다.”

그렇게 이원만은 오기와 재치로 삼경물산의 독점 계약권을 지킬 수 있었다.

"나는 감기에 걸렸을 뿐이오"

나일론이 날개돋친 듯이 팔리면서 삼경물산이 빠르게 커지자 재산이 많은 사람들은 서로 삼경물산에 투자하겠다고 나섰다. 도쿄에서 소문난 부자인 김 씨도 그중 한 사람이었다.

"삼경물산의 '삼'이 석 삼(三)자니, 둘인 지금도 좋지만 세 사람이 함께 동업을 하면 더 좋지 않겠습니까?"

그의 재치 있는 제안이 마음에 들어 이원만은 그의 투자금 1만 원을 받아들였다. 그런데 삼경물산에 뜻하지 않은 위기가 닥쳐왔다.

1955년 8월, 한국이 일본과 경제 외교를 끊은 것이었다. 한국과 일본 회담이 뜻대로 진행되지 않은 데에 따른 이승만정부의 결정이었다. 삼경물산은 당장에 곤경에 빠졌다. 1파운드당 80센트이던 실값이 40센트로 곤두박질쳤다. 삼경물산은 이미 수억 원어치의 물건을 창고에 두고 있었다. 새로운 동업자인 김 씨는 화가 나서 이원만에게 책임지라고 윽박질렀다.

"사업이란 잘될 때도 있지만 안될 때도 있는 것입니다 손해를 보았을 때 꾹 참고 처리를 잘 하면…."

"그런 한가한 소리하려면 당장 내 사무실에서 나가시오!"

그는 화를 참지 못하고 이원만이 보는 앞에서 자신의 주식을 박박 찢어버렸다. 이원만은 조용히 찢어진 주식들을 모았다.

이원만은 사무실을 미쓰이 건물로 옮기고 직원들을 안심시켰지만, 사실 그도 뾰족한 수가 없었다. 더욱이 한국에서 아들이 보내온 편지는 그를 더욱 심란하게 했다. 한국의 큰 무역상들이 줄줄이 주문 취소를 통보했다는 내용이었다. 삼성물산, 화신산업, 천우사 등 모두가 손을 들었다. 그들의 입장에서는 정부의 경제 단교 조처를 무시하고 일본 제품을 사들여올 경우 엄청난 손해를 보고 팔아야 할 상황이니 어쩔 수가 없었다. 그들도 상황이 딱했다. 삼경물산이 주문해놓은 나일론 실을 약속대로 사들일 경우 집을 팔아야 가까스로 그 손해액을 메울 정도이니 어떻게든 취소를 해야 했다. 고민하던 이원만은 아들에게 편지를 썼다.

"집을 팔아서라도 계약은 그대로 지켜라. 바꾸어 생각하면 이것이 삼경물산의 신용을 지킬 수 있는 좋은 기회가 아니겠느냐?"

결국 이원만의 가족은 해방 이후 고락(괴로움과 즐거움)을 함께하며 정들었던 대구의 큰 집을 팔아야 했다. 이원만은 편지를 보내놓고, 한국에서 이사를 하며 눈물을 흘릴 가족들을 생각하니 잠이 오지 않았다. 그러나 그는 일본에서 처리해야 할 일이 남아있었다. 그동안 거래를 통해서 이윤을 얻어 각 상사들이 물건을 취급했지만, 지금의 상황에서는 삼경물산에서 모든 책임을 지고 손해를 봐야 했다.

그는 마음을 다잡고 주요 거래처를 찾아갔다. 삼경물산이 일본에서 거래하는 회사는 이토츠, 마루베니, 미쓰이물산이었다.

"일이 이렇게 되었으니 손해는 저희가 다 물겠습니다. 다만 변상하는 데에 시간이 좀 걸릴 겁니다. 시간을 주십시오."

첫 번째 거래처인 이토츠물산에 그는 머리를 숙여 사과하고 양해를 구했다. 그런데 상대가 오히려 그를 위로했다.

"한일 교역이 이렇게 될 줄 누가 알았습니까? 장사를 잘하고 못하고의 일이 아닙니다. 사장님의 힘으로 감당할 수 없는 일이었다는 것을 저희도 압니다. 변상이니 뭐니 그런 말씀 마십시오. 손해는 우리가 떠안겠습니다."

두 번째 거래처인 마루베니물산도 같은 말을 했다.

"사실 그동안 사장님이 아니었으면 우리가 이익을 볼 수 있었겠습니까? 이번에 손해는 우리가 짊어지겠습니다. 걱정하지 마십시오."

이 회사들은 실 1파운드당 40센트, 반값에 실을 팔아넘겨 손해를 조금이나마 줄일 생각이라고 했다. 이원만은 고마워서 눈물이 날 지경이었다. 마지막으로 미쓰이물산의 부장을 만나 앞서 말한 것과 똑같이 얘기했다.

"손해는 저희가 다 물겠습니다. 다만 변상하는 데에 시간이 좀 걸릴 것이니 여유를 좀 주십시오."

그런데 미쓰이물산은 두 회사와 다른 반응을 보였다.

"우리가 보게 된 손해액이 800만 원이군요. 저희도 마음으로는 시간을 넉넉하게 드리고 싶지만 규정상 그렇게 하기가 곤란합니다."

미쓰이물산 부장은 정확한 돈을 같은 시간에 갚으라고 했다. 이원만은 통사정을 했다.

"부장님, 조금만 기다리면 멈춘 교역이 다시 이뤄질 것입니다. 칼로 베듯이 그러지 마시고 잘 부탁드립니다."

그러나 그는 '미안하다'라는 말만 반복했다. 오랫동안 믿고 거래해온 회사였던 만큼 미쓰이물산에 대한 서운함은 더 컸다. 옥신각신하다가 끝이 나지 않자 결국 이원만은 사장실로 갔다.

“무슨 일로 또 오셨습니까?”

미쓰이물산 사장 모리는 귀찮다는 듯이 인상을 찌푸렸다.

“사장님, 제게 감기약 한 알만 주십시오.”

모리 사장은 ‘이 사람 무슨 소리를 하냐?’ 하는 표정으로 이원만을 보았다.

“저는 이번에 시세 폭락으로 손해를 보았습니다. 말하자면 감기에 걸린 것이지요. 그런데 미쓰이물산 부장들은 폐렴에 걸렸다고 판단했는지 손해 금액 전부를 한꺼번에 물어내라고 합니다. 장사를 같이하는 사이에 이렇게 무정할 수가 있습니까? 지금 우리 회사는 감기에 걸린 것이니 감기약 한 알만 먹으면 낫습니다. 나은 후에 그 돈을 쪼개서 갚겠습니다. 우선 돈뿌꾸 한 제만 주십시오.”

‘돈뿌꾸’란 일시 정지를 뜻하는 말이다. 그제야 사정을 파악한 사장은 테이블을 ‘탕’ 소리가 나게 쳤다.

“알겠습니다. 이봐, 부장! 이분에게 돈뿌꾸를 드리게. 이분이 감기라고 하는데 왜 자네는 폐렴이라고 우기는 건가?”

미쓰이물산은 결제액 상환을 잠시 미뤄주었다. 다행히 한국과 일본의 끊어진 외교 관계는 오래가지 않았고, 삼경물산은 손해가 난 돈을 모두 갚아주었다. 부도 위기는 회사를 지키기 위해 최선을 다한 이원만의 자세 덕분에 오히려 거래처와 유대관계를 더욱 돈독하게 만드는 계기가 되었다.

신용은 기업가의 생명이다!

　신용(信用, 사람이나 사물이 틀림없다고 믿는 마음. 경제학 용어로는 외상값이나 빚 따위를 갚을 수 있는 능력을 말함)이 중요하다는 것은 많은 성공한 기업가들에게서 들어온 말입니다. 신용은 눈에 보이지는 않지만 막강한 힘을 발휘합니다. 그래서 무형(無形, 모습이 없음)의 자산이라는 말을 쓰기도 합니다. 그런데 신용은 보너스처럼 챙길 수 있는 것이 아닙니다. 대부분 자신이 가진 것을 희생하면서 얻습니다. 그리고 오랜 세월 동안 아주 조금씩 쌓아갑니다. 그러나 그렇게 얻은 신용을 잃어버리는 것은 한순간입니다. 이원만은 그 원리를 잘 알고 있었습니다.

　한일경제단교 조치로 이원만의 삼경물산이 곤경에 처했을 때, 이원만이 책임을 떠안지 않았더라면 어떻게 되었을까요? 주문한 물량을 취소했다면 당장의 손해를 줄일 수 있었을 것입니다. 그러나 그보다는 자신의 집을 팔아 손해를 메우고, 거래처를 찾아가 자신이 손해액을 책임지고 갚겠노라고 약속했습니다. 덕분에 한국과 일본의 관계가 다시 좋아지고 나서 신용은 더욱 높아졌고, 회사도 크게 성장할 수 있었습니다.

　신용 사회라 불리는 요즘은 신용에 대한 중요성이 옛날보다 더 커지고 있습니다. 예전 같으면 잘못을 해도 과거에 쌓아 온 신용에 의해서 어느 정도 회복할 수 있었지만, 오늘날에는 인터넷이나 SNS를 통해서 정보가 순식간에 전 세계 구석구석까지 퍼져나가 한순간에 신용이 무너지기도 합니다. 이처럼 기업가는 물론이고, 누구나 신용을 생명처럼 소중하게 생각해야 하는 시대가 왔습니다. 여러분도 상대방에게 믿음을 주는 사람이 되어 이원만처럼 위기에 닥쳤을 때, 슬기롭게 헤쳐나가길 바랍니다.

KOLON

2. 수출 대한민국!
빈곤 탈출 대작전

    1960년대 초, 한국의 1인당 국민소득은 겨우 82달러였다. 그런 한국 경제의 부흥을 위해 코오롱의 이원만이 나섰다. 서슬 퍼런 군사정권 앞에서도 당당하게 장난감 뱀을 흔들어 보이며, '수출 대한민국'을 부르짖던 기업가 이원만! 나일론에 이어 합성섬유의 대표가 된 폴리에스테르를 생산해 합성섬유 시장을 한 단계 도약시킨 일에서부터, 최초의 산업공단으로 수출의 15퍼센트를 담당했던 구로 산업공단을 만들기까지…. 그를 숨 가쁘게 달리게 했던 원동력은 무엇이었을까?

빈곤 탈출,
기업가 정신으로 도전!

여러분, 잘사는 것이 흉입니까?

못사는 것이 자랑입니까?

잘사는 것을 욕할 것이 아니라

잘살도록 해야 하지 않겠습니까?

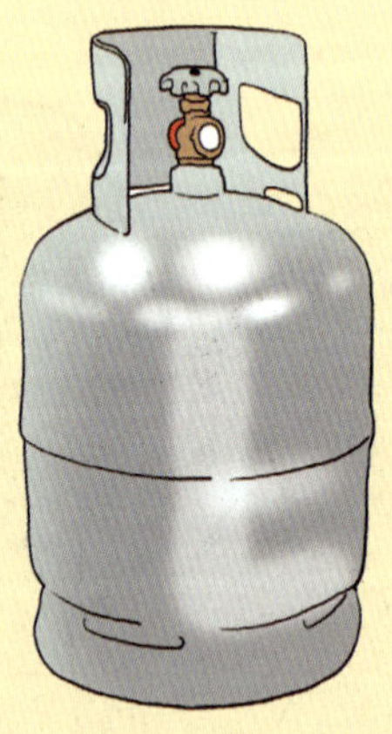

뽕나무밭에 세운 공장

한국나이롱주식회사

바야흐로 나일론 전성시대였다. 삼경물산의 소득은 날로 늘어갔다. 이원만은 자신의 사업이 번창하는 것에 만족하지 않고 국가의 발전에도 도움이 되기를 바랐다.

이원만은 당시 섬유 제품을 한국에서 만들어도 그 원료가 되는 '스트레치 나일론사'를 외국에서 수입해서 만들었기 때문에 외화의 유출이 심하다는 사실에 주목했다.

나일론은 그 원료인 카프로락탐을 녹여서 실로 빼낸 것인데 그것을 그대로 양말이나 의류로 만들 수는 없었다. 그것을 다시 기계에 넣어 보들보들하게 만드는 과정이 필요했다. 그것이 일명 '스트렛치 가공'이었다. 이런 공정을 거쳐 나온 실을 스트레치 나일론사라고 불렀다.

'비록 원사(직물의 재료가 되는 실)까지는 못 만들어도 스트렛치 가공 공장 하나쯤은 우리 손으로 만들어보자!'

가슴에 품고만 있던 뜻을 펼치게 된 것은 1957년 이른 봄이었다. 후보지로 발탁된 대구 신천동 일대였다. 온통 울창한 뽕나무밭이었지만 그의 눈에는 벌써 웅장한 공장의 모습이 그려졌다.

"동찬아, 보아라. 근처엔 변전소(전기를 바꾸어 내보내는 곳)가 있어서 전기를 끌어다가 쓰기 좋구나, 대구 시내가 근처이니 교통도 좋고."

이원만은 흡족했다.

"그런데 아버지, 물이 있어야 하지 않겠습니까?"

합성섬유 공장을 운영하기 위해서는 풍부한 지하수가 있어야 했다.

"그거야 찾으면 되지. 당장에 서울에서 유명한 지질학자를 수소문해보자."

그런데 뜻밖의 상황이 닥쳤다. 서울에서 출장 온 지질학자들이 모두 고개를 가로저었다.

"이번에도 지하수를 못 찾았다고?"

이원만은 하고 싶은 일을 못하면 병이 생기는 체질인지라 입이 바짝 말랐다.

"안 되겠다. 전에 누가 그랬더라? 용한 중국인 점쟁이가 있다던데 거기라도 연락해보거라."

과학적으로 지어야 할 공장부지 선택에 점쟁이라니, 사람들은 '이원만이 갈 데까지 갔구나' 하고 수군거렸다. 이원만도 썩 내키지는 않았지만 지푸라기라도 잡는 마음이었다. 중국인 점쟁이는 돌아다니면서 공장을 지을 땅을 열 곳 정도를 정해주며 파볼 것을 권했다. 그리고 얼마 뒤, 이동찬이 숨을 헐떡이며 달려왔다.

"아버지! 물이 나옵니다. 물길을 찾았어요!"

점쟁이가 정해준 곳들 중 용케도 한 곳에서 '콸콸콸' 지하수가 솟구친 것
이다.

"됐다, 이제 됐어!"

문제였던 공장 용수가 해결되자, 1957년 4월에 '한국나이롱주식회사(코오
롱의 전신)'가 만들어졌다. 한국나일롱주식회사는 서울 명동에 본사를 두고
사업을 구체화했다. 이원만이 회장, 동생 이원천이 사장, 그리고 아들 이동
찬이 전무를 맡았다. 초겨울에 시작된 공장 설립은 이듬해 여름까지 계속되
었다. 국내에서는 최초로 세우는 나일론 공장인 만큼 외국에서 기술을 배워
오거나 외국인 기술자를 직접 불러들여서 설계에서부터 기계 설비까지 어
렵게 이뤄졌다.

드디어 시제품을 뽑아내는 날이었다. 공장의 직원 수는 30명 안팎, 공장 입구 오른편 뒤편의 조그만 건물 한 채에 불과했지만 이원만은 감격스러웠다. 한국의 나일론 산업을 한 단계 발전시키는 역사적인 날이었다.

벅찬 가슴으로 기계를 가동시켰다. 그런데 보들보들 매끄럽게 뽑아져 나와야 할 나일론 가닥이 기계 사이에 뒤엉켜 눌러붙었다.

"이게 어떻게 된 일인가?"

직원들은 물론 기술자들도 당황하기는 마찬가지였다. 알고 보니, 공장에 들여온 이태리식 연사기는 이미 구식이었다. 다른 곳에서는 독일식 연사기를 쓰기 시작했는데 기계에 대해서 몰랐던 탓에 그만 업자의 간사한 꾀에 속아 사람들이 더 이상 쓰지 않는 기계를 사놓았던 것이다. 그렇다고 기계를 바꾸기에는 모든 장비와 공장 구조가 맞지 않았다.

결국, 나일론 스트레치사의 시제품 생산은 실패로 끝났다. 그리고 좀더 면밀하게 검토해보니 문제가 또 있었다. 공장의 기초 공사를 할 때에 일본의 합성섬유 회사인 도요레이온 공장 설계를 그대로 따라 하느라 돈을 많이 써버린 것이다. 도요레이온 공장은 지진이 많은 일본에 맞게 견고하게 설계된 것이었다. 하지만 한국은 사정이 달랐다. 엄청난 돈을 쏟아부은 새로운 사업이 실패로 끝났으니, 한국나일론은 도산 위기에 처했다.

"문을 열자마자 문을 닫게 생겼어!"

이원만은 얼굴이 붉으락푸르락해져서 있는 힘껏 고함을 쳤다.

"원천이, 너는 기계 조작에 최선을 다한다고 연구원들을 데리고 도요레이온까지 다녀오지 않았어? 동찬이, 너는 더 꼼꼼하게 살폈어야지!"

동생 이원천과 아들 이동찬이 할 말을 잃고 고개를 숙였다. 이원만은 건설 자금을 구하기 위해 공장 공사에 제대로 신경 쓰지 못한 스스로에게도 화가 나 있었다. 그는 마음을 가다듬고 회사를 계속 이끌고 나갈 것인지 아니면 깨끗이 문을 닫을 것인지 생각했다.

그러나 그는 포기하고 싶지 않았다. 사업가의 안목과 자신감으로 죽어가는 회사를 다시 살릴 자신이 있었다. 손해는 삼경물산에서 무역으로 얻은 돈으로 간신히 메꿨다. 그야말로 '한국나이롱주식회사'의 '한국나이롱'이라는 이름만 간신히 이어가는 형편이었다.

하지만 곧 어려움을 넘긴 스트레치사 사업은 언제 위험이 있었냐는 듯 호황을 누렸다. 과거에 아사히공예사가 아이디어 하나로 성공했다면 스트레치사는 정보와 끈질긴 투지의 결과물로 이뤄낸 성공이었다.

1950년대 말 한국나이롱주식회사는 날로 번창했다. 여공 120명을 뽑는데 9,000여 명이 몰려와 16대 1의 경쟁률을 보였다. 대구의 명문여고 출신이 한꺼번에 몰렸다. 뽑힌 직공들은 두 달 동안의 교육 기간을 거쳐서 한 달에 3만 환의 월급을 받았다. 우리나라는 1953년부터 1962년까지 '환'이라는 화폐 단위가 있었는데, 3만 환이면 당시 쌀 한 가마를 너끈이 살 수 있는 돈이었다.

사람들은 "며느리를 보려거든 한국나이롱주식회사로 가라", "나이롱 여대로 가봐라"는 농담까지 했다. 자연히 한국나이롱의 공장 기숙사는 여자 대학교의 수준이 되었다.

일하는 환경도 좋았다. 식당이나 세면장은 최고급 시설이었다. 하루에 3

교대를 실시해 8시간 노동 시간을 엄수했다.

　한국나이롱의 제품은 국내뿐 아니라 해외에서도 인기를 끌었다. 홍콩, 이란, 아프리카, 미국 등에서 스트레치사 물품을 많이 수입하기를 원했다. 특히 동남아에서는 한국나이롱이 이름을 날렸다. 1963년 한국 기업 최초로 나일론을 수출한 한국나이롱이 벌어들인 돈은 3만 9,000달러였고, 한국 총수출의 60퍼센트가 스트레치사였다.

정치 입문

정치를 향한 마음

이원만이 일본과 한국을 오가며 경영과 재일 경제동우회 활동을 하는 동안 세월은 빠르게 흘러 1960년에 접어들었다. 한국의 집권당인 자유당은 민심을 잃고, 국민들의 마음은 민주당으로 기울어갔다. '못 살겠다. 갈아보자!'라는 구호가 여기저기서 들렸다. 신문들도 야당을 지지해야 잘 팔렸다. 공정한 선거를 하면 자유당 정부는 참패할 것이 뻔했다. 자유당은 자신들에게 이로운 방법으로 선거를 치르기 위해서 3월 15일을 대통령과 부통령의 선거일로 정했다.

이원만은 일본에서 그러한 한국의 상황이 실린 신문을 읽고 구겨버렸다. 이원만은 한때 몸담았던 한민당의 전통을 잇는 민주당을 지지했다. 조병옥 박사(독립 운동을 하다가 광복한 뒤 한국 민주당을 만들어 활동한 정치가. 컬럼비아대학교에서 경제학을 공부하고 철학박사가 됨)가 대통령선거에 출마하는 것을 미리 알고 있었기 때문에 나름 기대하는 바가 컸다. 조 박사는 인품과 능력이 대통령에

알맞은 인물이라고 생각했다. 그러나 한 가지 걱정은 조 박사가 병으로 미국에서 치료를 받고 있다는 점이었다.

"2월은 너무 빨라. 5월은 되어야 완쾌해서 선거에 나설 수 있을 텐데…."

많은 사람들이 조 박사의 병이 완전히 낫기를 바랐지만, 애석(슬프고 안타까움)하게도 조 박사는 후보 등록 이틀 뒤에 사망하고 말았다. 이원만은 비통한 마음을 견딜 수가 없었다. 잠도 오지 않았다. 결국, 3월 15일 선거는 부정선거로 치러졌다. 4·19혁명(자유당의 부정선거가 도화선이 되어 1960년 4월, 학생들이 중심세력이 되어 일으킨 반정부 민주주의 혁명)이 일어났다.

새로운 질서가 잡히기 전까지 사회는 어지러웠다. 선거가 무효화되자 참의원 선거 공고가 났다. 그는 다시 정치계에 발을 담글까 말까 고민이 되었다.

'나뭇가지가 흔들리면 새가 앉지 않고 꽃이 흔들리면 나비가 날아가버린다. 우리에게는 경제만큼 정치의 안정이 필요하다.'

이원만은 한국으로 돌아가 그 답을 찾고 싶었다. 한국으로 돌아와보니 국민들은 새로운 공화국이 들어선다고 흥분해있었고 그 기세로 총선거에서 민주당이 이길 것이라는 확신이 들었다.

민주당의 윤보선(4대 대통령)이 그를 반겨주었다.

"잘 오셨습니다. 이번 총선거에서는 민주당이 크게 이길 것입니다. 그러나 우리 당에는 인물이 많이 필요합니다. 이 선생님이 출마를 결심하면 좋겠습니다."

"저는 지금 사업을 하고 있습니다. 나라를 위해서 정치를 하는 것도 필요하고 사업을 해서 경제를 이끄는 것도 필요하다고 생각합니다."

"맞는 말씀입니다. 그런데 일에는 우선순위라는 것이 있습니다. 지금은 정치의 안정이 먼저입니다."

몇 분 동안 이야기를 나눈 뒤, 윤보선은 이원만의 마음을 본 것처럼 말했다.

"예전에 선거에서 떨어진 것이 마음에 걸리십니까? 이제 세상이 달라졌습니다. 과거의 선거는 정해진 지역에서 이루어진 '민의원 선거'였습니다. 그래서 인정에 얽매이고, 학연과 지연에 호소했지요. 고무신 한 짝, 막걸리 한 사발이라도 얻어먹은 사람에게 표를 던지는 것이 인정이었습니다. 그러나 이번 '참의원 선거'는 다릅니다. 도를 단위로 하니 지연, 학연, 혈연이 당선과 낙선을 정할 수 없습니다. 앞으로는 후보자의 이름과 인품이 당선과 낙선을 결정할 것입니다."

이원만은 윤보선의 명쾌한 답을 들으니 용기가 났다.

'지난 선거에서는 내가 부자라는 것이 흠이 되었다. 그런데 지금은 공산당들도 다 물러갔으니 그게 무슨 죄가 되겠어? 선거를 깨끗하게 치를 테니 돈을 뿌린다는 누명을 쓸 일도 없고. 부자는 정치하면 안 된다는 법이라도 있나? 가만, 그런데 나는 경상북도에서 얼마나 인망을 얻고 있을까?'

이원만은 도민들이 자신을 참의원(1952년 7월 4일부터 1961년 5월 16일까지 있던 제도로 민의원과 함께 국회를 구성함)이 되도록 표를 준다면 하고 싶은 일이 많았다. 의식주 생활에서부터 마음에 안 드는 일들을 하나둘 고쳐나갈 마음이었다. 무엇보다 사람들이 지긋지긋한 가난에서 탈출할 수 있도록 돕고 싶었다. 그의 나이 55세, 가슴 속에 다시 한 번 폭풍이 일었다.

원만하다, 이원만

이원만은 고향인 경상북도에서 참의원 후보로 출마했다.

참의원 선거는 선거구를 도 단위로 하고 의원 수는 8명이었다. 경상북도 의원 정원은 8명, 이 중 4명은 6년, 나머지는 3년으로 임기가 정해졌다. 이원만은 8명에 들기 위한 후보자 38명 중 하나였다. 경쟁자들은 쟁쟁한 이력을 가진 사람들이었다. 투표 전에 이미 당선이 확정된 듯한 유명인사도 있었다. 이원만이 보기에 4명은 거의 당선이 확실했다. 3년 임기 자리를 두고 34명이 경쟁하는 셈이었다. 작전을 잘 세우는 것이 중요했다. 우선 그는 자신의 강점과 약점을 분석했다.

'나는 영일군 출신이고, 대구에서 한국나이롱주식회사를 운영하고 있다. 나일론이 유명하긴 하지만 내 이름이 그리 널리 알려지진 않았어. 대학도 다니다 말았으니 학력도 내세울 것이 없고…. 어쩐다?'

객관적으로 분석해보니 내세울 것이 정말 없었다. 그는 신문 배달원 당시 표어 공모에 당선되었던 시절을 생각하면서 아이디어를 찾았다. 선거 구호로 이름을 알리고자 했다.

"'원만(圓滿)하다. 이원만(源万)! 마음 놓고 찍어주자!' 어떻습니까?"

이름에서 딴 신선한 선거 구호를 듣고 선거 운동원들은 모두 좋다고 했다. 자유당이 물러나고 바로 하는 선거라 각 당의 신경전이 대단했고 분위기는 살벌했다. 그런데 원만하다니, 이보다 좋을 수가 없을 것 같았다. 무엇

원만하다. 이원만! 마음놓고 찍어주자!

보다 사람들이 구호를 좋아했다. 친근하기도 하고 재미있기도 해서 어린아이들까지 금세 따라하고 다녔다.

선거 기간은 무더운 여름이었다. 경상북도는 매일 30도를 넘나드는 폭염이 계속되었다. 운동원들은 지쳐서 나무 그늘에서 잠들기도 했다. 이원만은 "원만하다. 이원만! 마음 놓고 찍어주자!"를 마이크로 계속 말하면서 다녔다. 인쇄한 종이 전단을 뿌리고, 시장이 서는 곳에는 꼭 직접 찾아가서 구호를 외쳤다.

그는 자신이 성공한 사업가임을 강조했다.

"여러분, 잘사는 것이 흉입니까? 못사는 것이 자랑입니까? 잘사는 것을 욕할 것이 아니라 잘살도록 해야 하지 않겠습니까?"

유세(자신의 의견이나 당의 주장을 말하면서 돌아다님)를 다니면서 그는 아직도 한민당의 뿌리가 살아있음을 느꼈다. 그는 자신을 아는 사람들이 의외로 많다는 사실에 힘이 났다. 사람들은 대부분 그가 독립운동가였던 조병옥, 신익희 박사를 도왔다는 사실을 알고 있었다.

선거는 비교적 정정당당하고 깨끗하게 치러졌다. 사람들은 직접 유세를 듣기 위해 부채를 들고 운동장으로 몰려들었다. 합동 연설회에는 5만 명의 청중이 몰려들었다.

"여러분, 자유당은 일하지 않았습니다. 이승만 박사는 돈을 아낄 줄만 아는 분이었지 달러를 벌 줄은 몰랐어요. 내가 외국에서 본 바로는 해외에 있는 우리 대사, 공사들도 돈 때문에 고생을 많이 하더군요. 석유가 한 방울도 나오지 않은 나라이니 달러가 귀해요. 하지만, 그렇게 소극적이어서는 나라가 발전할 수 없습니다. 나라를 발전시키자면 돈을 쓰고 더 많은 달러를 벌어들여야 합니다. 그렇게 하고는 싶은데 우선 우리는 달러가 없는 걸 어쩌느냐고요? 없으면 꾸어서 와야지요. 빌려와서 공장도 세우고 제품도 만들면서 실업자를 없애야지요. 만든 물건을 다른 나라에 팔아서 달러를 벌어, 빌려온 돈을 갚으면 됩니다. 어떤 사람들은 빚을 낸다고 하면 무조건 겁부터 냅니다. 그것을 나중에 어떻게 갚으려고 하느냐, 잘못하면 땅 빼앗긴다, 망한다, 이런 말을 합니다. 하지만 그런 자세로는 아무것도 바꿀 수가 없습니다. 여러분, 저는 참의원에 당선되면 우리나라가 달러를 벌 수 있도록 온 힘을 다하겠습니다. 산업경제를 부흥시키는 데 노력하겠습니다."

그는 이런 내용을 담은 연설을 했는데, 구수한 말투에 재치를 섞어 청중을 사로잡았다. 박수를 받으며 단상에 선 이원만은 정치에 대한 기대가 점점 커졌다.

배꼽 잡는 초보 의원

'민속정신'을 '민족정신'으로!

선거는 8월 12일 바뀐 선거법에 따라 국회에서 민의원들과 참의원들의 간접선거로 치러졌다. 그리고 그의 꿈처럼 세상을 바꿀 수 있는 기회가 주어졌다. 그는 3년 임기 참의원에 당선되었다. 당선자 중에서 사업가는 이원만뿐이었다. 그는 비학산 위에서 바다를 내려다보며 머나먼 신세계를 동경했던 시절을 떠올렸다. 그리고 다시 한 번 사명감을 되새겼다.

선거 운동을 하느라고 뙤약볕 속에 선거구를 누볐기 때문에 이원만의 얼굴은 까맣게 타고 목은 쉬어있었다. 그는 8월 초에 서울로 올라와 당선된 민주당의 동지들과 기쁨을 나누고 당선자 회의에도 참석했다.

첫 출근하는 날, 참의원 의사당에는 아침 8시부터 당선자들이 모이기 시작했다. 선거에 시달리느라 모두들 시커먼 얼굴을 하고 있으면서도 서로 손을 들어 웃고 장래의 포부를 말하면서 축제 기분에 젖어들었다. 이원만은 앞으로 함께 일하게 될 동료들을 자세히 살폈다. 백발과 대머리가 20여 명이나 되었다.

'참의원은 민의원보다 늙었구나.'

이원만은 조금 엉뚱한 생각을 하며 자신의 포부를 머릿속으로 정리했다. 의사당 안은 찌는 듯이 더웠다. 대형 선풍기가 돌아도 시원하지 않았다. 당선자들은 모두 정장에 넥타이 차림이었는데, 더워서 땀을 뻘뻘 흘렸다. 참의원들은 의장을 뽑고 박수를 치면서 첫 번째 회의를 끝냈다. 모두 자리를 털고 나설 때, 이원만은 쉽게 엉덩이가 떨어지지 않았다. 정치는 처음인 그는 선배들로부터 많은 것을 배우고 싶었다.

그가 눈도장을 찍어둔 사람은 김도연, 유진산, 소선규, 백남억 등이었다. 모두 민주당 안에서 대통령, 총리 등으로 이름이 오르내리는 사람들이었다. 이원만은 그들과 자주 어울려 정치를 이야기했고, 해박한 지식을 공유했다. 이원만은 그들에게 자신의 포부를 거침없이 털어놓았다.

"나라를 강하게 하려면 경제를 발전시켜야 하고, 경제를 발전시키려면 공업을 발전시켜야 합니다. 그런데 지금의 행정가들이 일하는 모습을 보면 답답하기만 합니다. 내가 보기에 새를 잡는 데 빗자루나 몽둥이를 들고 이리 뛰고 저리 뛰는 꼴이에요. 그래서는 쥐나 잡지, 새는 못 잡습니다."

"이 의원, 그럼 새는 어떻게 잡아야 합니까?"

"새를 잡으려면 쌀을 식초에 담가 말린 뒤에 마당에 뿌려두면 새가 이것을 주워 먹고 취해서 잠을 잡니다. 이때 그 새를 자루에 집어넣으면 되지요."

사람들은 거침없고 솔직한 그의 말에 흥미를 가졌다.

"힘을 들이지 않고 효과적인 방법이 있는데, 괜히 고생은 고생대로 하고 효과 없는 일들을 벌인다. 그 말이로군요."

"예, 그렇습니다. 정치계도 그래요. 자꾸 신파니 구파니 싸우기만 해서는 끝이 없습니다. 한 번은 상대에게 양보하고 한 번은 상대방에 의해서 덕도 봐야지요. 우리 민속놀이인 널뛰기를 보십시오. 한쪽이 '쿵~' 하고 눌러주면 한쪽은 수월하게 올라갑니다. 그 올라간 사람이 내려와서 또 '쿵~' 하면 아까 눌러준 사람이 올라가지요? 이것이야말로 협동정신이 제대로 드러난 의미 있는 놀이가 아니고 뭐겠습니까? 놀이 속에 담긴 뜻도 잊어버리고 같은 동포끼리 자꾸 헐뜯고 싸우고나 있으니 어찌합니까? 우리는 앞으로 널뛰기를 합시다. 아예 '민속정신'을 '민족정신'으로 삼읍시다. 어떻습니까?"

사람들은 그의 말에 재미있어 하면서도 맞는 말이라고 고개를 끄덕였다. 어려운 말로 정치를 말하는 것보다 툭 털어놓고 소박하게 말하는 것이 더욱 효과가 있는 듯했다. 정치인 중에는 위엄이나 권세를 지키려고, 하고 싶은 말도 못하고 말을 할 때에도 권모술수(權謀術數, 목표를 위해 모든 방법을 가리지 않고 쓰는 술책이나 모략)를 쓰는 사람들이 많았다. 그런데 이원만은 재치 있고 꾸밈없는 이야기로 풀어놓으니 많은 사람들이 그와 어울리고자 했다.

이원만은 그런 자리에만 앉으면 머릿속에서 기발한 비유가 척척 떠올랐다. 본인이 생각해도 신기할 지경이었다. 경직된 분위기는 곧 누그러지고, 어려운 문제도 잘 풀리곤 했다.

참의원 생활

해가 바뀌어 이원만도 제법 의원 생활에 익숙해졌을 무렵의 일이다.

"제가 참의원의 참 모습을 보여주겠습니다."

이원만은 발언 기회를 얻어 자신만만하게 회의장으로 향했다. 그는 높은 공무원들이 자신의 마음대로 공정하지 못한 처리를 내리는 것을 바로잡도록 요구할 참이었다.

"신문에도 잠깐 났습니다만, 태국에서 쌀 2,000섬을 들여오는 신용장을 열려고 하다가 하도 사회가 떠들어대서 1,000섬만 열어두고 1,000섬은 못 들어오게 했습니다. 사료로 쓸 요량으로 83달러에 사들인다고 하는데, 이것은 새빨간 거짓말입니다. 그리고 찹쌀을 수입해 한 사람에게 모두 주어버렸다 이거예요. 그 사람이 누구냐 하면, 삼화빌딩에 있는 최 씨입니다. 사람들의 원성이 자자해요. 아무도 모르게 쌀을 한 사람에게 홀딱 다 주었으니 불평도 당연하지요."

이원만은 소리를 높여 비리를 고발했다. 농림부 담당자가 출석해서 답하는 자리에서는 좀더 세게 비판했다.

"가져간 쌀은 절대 사료로 팔지 않으니 문제가 커집니다. 술을 만들어 팔고, 엿을 만들어 팝니다. 지난해에도 같은 방법으로 재미를 본 사람들이 있어요. 이게 다 '싸바싸바'가 아니고 무엇입니까?"

일본말이 튀어나왔다. 싸바싸바는 '원만한 사람'을 뜻하는 일본말인데, 편

법으로 대충 넘어간다는 뜻으로 쓰였다. 그러나 회의장에서 그것으로 핏대를 세우는 사람, 비웃는 사람은 없었다. 분위기가 경직되지도 않았다.

"이 의원님이 지적하신 것은 지극히 근본적인 것인데, 모든 관계 부서를 통해서 농협이 진정한 농민의 협동조합으로 거듭나도록 노력하겠습니다."

이원만은 구체적인 개선안 없이 하나마나한 대답을 하는 농림부 담당자를 보고 가슴이 답답했다. 기업가의 눈에 보이는 것들을 정치인들은 보지 못했다.

이원만이 정치에 진출한 이유가 산업 발전에 이바지하고 싶은 마음 때문이었기에 그는 해외에서 차관(정부나 기업에서 공공기관이나 외국으로부터 자금을 빌려옴)이 들어오는 것을 적극적으로 주장했다. 그는 차관을 통해 국가 산업이 발전해야 한다고 주장했다.

"없는 사람과 있는 사람이 친하게 지내면 없는 사람이 덕을 봅니다. 20세기 후반인 지금은 교역(나라와 나라 사이에 물건을 사고팔아 서로 바꿈) 경제를 해야 할 때예요. 외국이 우리나라에 투자를 하면 우리가 일어설 수 있습니다. 일본이 경제 강국으로 우뚝 선 것은 80퍼센트가 외국 자본의 힘입니다."

그러나 다른 동료 의원들도 일반 국민들처럼 해외 차관에 대해서 의심을 가지고 있었다. 이원만이 과감하게 해외 차관을 얻어 써야 한다고 하면 "무엇으로 갚을 것이냐?"라고 따져물었다. 공장을 세워 제품을 수출해서 차관을 갚고 이윤을 올리겠다고 하면 "우리 제품을 누가 사주느냐?"라고 다시 물었다. "외국이 사도록 제품을 만들고 광고해서 팔아야 한다"라고 하면 "외국에서 차관을 얻을 수는 있느냐? 대한민국을 보고 돈을 빌려 줄 나라가 어디에 있느냐?"라고 물었다. 참다못한 이원만이 결국 소리 높여 말했다.

"있습니다. 있어요! 저쪽에서 이쪽을 믿고 돈을 주겠다고 하는데 왜 우리가 걱정하는지 모르겠습니다. 외화를 빌려 써야 할 때는 쓰는 것이지 국내에서 돈만 자꾸 찍어내면 뭘 합니까? 그러면 망합니다!"

이원만은 밀수(해외에서 몰래 물건을 들여옴)를 막는 방법에 대해서도 아이디어를 냈다. 그의 눈에는 밀수를 막는 데에만 힘을 쏟고 국민들이 따라주지 않는다고 한탄하는 정부가 한심해보였다.

"밀수를 막는 데에만 집중할 것이 아니라 당당하게 수입할 길을 열어주는 방법도 있습니다. 가령 일제 화장품인 분을 예로 듭시다. 분은 금지하면 금지할수록 자꾸 가격이 오릅니다. 예뻐지고 싶은 여성들은 2,000환이어도, 3,000환이어도 일본제품을 삽니다. 그러니 막아도 소용이 없습니다. 차라리 밀수품을 하나하나 조사해서 제일 많고, 폭리를 취하는 것부터 추려서 정식으로 수입 절차를 밟도록 해야 합니다. 그것에 대한 세금을 50환, 60환 받아서 국내 화장품 제조공장에 지원해주는 겁니다. 한쪽을 누르고 한쪽을 키우고 살리면 됩니다."

그러던 어느 2월의 마지막 주, 늦겨울의 추위가 한창인 저녁 무렵이었다. 회의를 하는데, 국회의사당 밖에서 소란스러운 소리가 들려왔다. 한 의원이 밖에 나가서 본 것을 단상에서 보고했다.

"우리가 회의하는 동안에 밖에서는 시위가 일어나서 한동안 분주했습니다. 그런데, 시위하는 이들이 제구실을 못하는 참의원은 해산하라는 종이를 뿌렸습니다."

"내용이 뭡니까? 들고 있는 종이 아닙니까? 한번 읽어보십시오."

난처해하던 그 의원은 다른 의원들의 요청에 못 이겨 떨리는 목소리로 글을 읽어 내려갔다.

혁명을 모독하는 참의원들아.

참의원은 반혁명 세력의 집단 소굴이 되었다. 참의원들은 빨리 해산하라.

종이의 내용을 듣고 모두 침통한 기분이 들었다. 어떤 의원은 흥분해서 소리치기도 했다.

"시위로 독재가 물러가고 제2공화국이 열렸다고 사사건건 시위를 일으키다니! 이래서는 정치를 할 수 없습니다. 우리 참의원들이 소신대로 일을 해도 잘못되었다고 득달같이 달려들어 시위를 하는데, 우리는 뭐든지 그 사람들의 생각을 물어보고 결정해야 합니까?"

이원만은 국회의사당을 나와 집으로 돌아가면서 곰곰이 생각했다.

'이렇게 날마다 시위하고 실력을 행사하려 하면 국회도 스스로 일할 수 있는 힘을 되찾기가 어렵다. 이건 해방 후의 혼란과 비슷한 것이 아닌가!'

그는 소신을 가지고 참의원으로서 의무를 다하는 것이 지금 할 수 있는 최선이라고 마음을 다잡았다.

뿌로빵가수

이원만은 일회성 소비재인 연료에 대한 고민이 많았다. 그는 산업분과위원회에서 연료문제에 대해 자신의 생각을 말했다.

"아침에 일찍 일어나서 서울 시내에 나가면 노란 연기가 깔려있습니다. 그것은 서울 시내에서 불을 땔 때 연기가 무거워서 아래로 처지기 때문입니다. 여러분, 도시에서는 무연탄을 때고 있는 것 같지만, 그렇지가 않습니다. 만약 여러분이 그렇게 생각하신다면 아침 5시에 영등포에 한번 나가보십시오. 5시부터 9시까지 마차에 실려 나무가 들어옵니다. 사람들은 이것을 '나

일론 장작'이라고 해요. 요만큼씩 짤막짤막하게 끊어서 들어오는데, 이래가
지고는 산에 나무가 남아나지 않습니다. 연료가 없다고 자꾸 나무를 베어
버리면 나무를 심겠다고 10그루, 20그루씩 나무를 심어봤자 소용이 없습니
다. 소방 공사나 조림 공사를 하지 말자는 것이 아니라 시급한 것은 연료대
책이라는 것을 말하고자 합니다. 그러니까 일반 사람들이 임산물(산림에서 나
는 물품)을 연료로 쓰지 않도록 새로운 연료 대책을 강구합시다."

"무엇을 연료로 삼자는 말씀입니까?"

"광물, 전기, 뿌로빵가수(프로판가스) 뭐든 좋겠지만, 도시에서는 뿌로빵가
수로 해야 합니다. 그것이야말로, 우리 산을 푸르게 합니다. 뿌로빵가수가
그렇게 비싼 것이 아닙니다. 도시에서는 너도나도 그걸 쓰고, 촌에서는 무
연탄을 씁시다."

동료 의원들이 웃었다. '프로판가스'를 '뿌로빵가수'라고 발음했기 때문이
었다.

"뿌로빵가수? 이 의원, 별명이 하나 생기겠습니다."

이원만은 동료 의원들에게 물었다.

"제 얘기가 마음에 와닿지 않습니까?"

"솔직히 우리나라에는 석탄이 있는데, 이 의원은 왜 프로판가스를 수입하
자고 하는 건지 이해가 잘 안 돼요."

"가정에서 석탄을 때면 가스가 생겨서 건강에 좋지 않아요. 옷도 검게 되
어서 보기 흉합니다."

"일본에서는 프로판가스가 터져서 사고가 생기지 않았소?"

"그것은 문제가 안 됩니다. 한국에서는 연탄가스 사고가 많지 않습니까?"

"우리나라에는 무연탄이 약간 보완할 부분이 있지만 그래도 주요 연료로 널리 쓰이고 있습니다."

"그것도 한정된 자원입니다. 앞으로 석탄산업은 사라지고, 석유화학으로 나갈 것입니다. 가까운 예로 한때 매장량이 많기로 소문난, 잘나가던 일본의 광산들이 폐광이 되어가고 있습니다."

나일론을 연구하고 일본 산업계의 사정을 잘 아는 이원만이었기에 예측이 가능했다.

"지금 전 세계의 선진국은 모두 가스를 씁니다. 가스를 안 쓰는 나라가 어디에 있습니까? 가정이나 큰 음식점에서 쓸 뿐만 아니라 택시, 트럭도 가스를 쓰고 있어요."

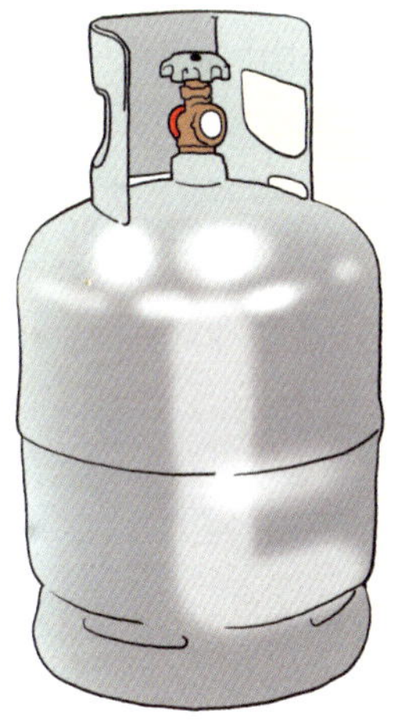

"그럼 프로판가스는 어떻게 가져옵니까?"

"그것을 실은 외국배가 인천항에 닿겠지요? 인천에 큰 탱크를 만들고 그 탱크에다가 관을 달아 서울로 끌고 오면 되는 겁니다."

그러나 모두가 가스에 대한 이원만의 생각에 반대했다. 아직은 때가 아니라는 것이었다.

위기

한편, 이원만은 국회의사당 밖에서도 자신의 맡은 책임을 다하고자 했다. 1961년 2월 DLF(Development Loan Fund: 1957년에 설립된 미국의 대외원조 형식의 하나로 후진국을 대상으로 대부 형식에 의한 경제 원조를 행하는 기구) 차관의 협정을 맺고 동시에 미국의 켐텍스사와 기술을 받기로 계약했다. 그는 계약서에 서명을 하면서 감격에 찼다.

원사를 직접 생산해야겠다고 마음먹은 것은 스트레치 나일론사 가공 공장을 구상하던 무렵부터였다. 사업상으로 볼 때에도 나일론 원사를 만드는 것이 당연하며 국가에도 훨씬 이익이 되는 일이었다. 그런데 자금을 어떻게 할 것인가 하는 문제가 턱하니 버티고 있었다. 이원만은 하루 2.5톤 정도를 생산해내는 공장을 세우기 위해서 320만 달러 정도를 예상하고 있었다. 이원만뿐 아니라 이원천과 이동찬까지 머리를 맞대고 고민했다.

"하루에 2.5톤 정도를 생산할 수 있어야 합니다."

"DLF 차관을 신청해보는 것이 어떨까요?"

결국 세 사람은 차관을 신청하기 위해 정부에 도움을 요청했다. 그들은 한국 경제에도 도움이 되는 일이므로 정부가 이 일에 적극 나서리라고 기대했지만, 현실은 달랐다. 정부 관계자를 만나 이야기를 들어보려 해도 속 시원하게 대답해주는 이가 없었다. 애를 태우다가 50만 달러로 나일론 공장을 세우겠다는 경쟁자가 있다는 걸 알게 되었다.

"어허, 이것 참. 그렇게 만들면 하루에 반 톤도 생산하지 못합니다. 그런 공장은 우리의 경쟁자 축에도 끼지 못하고, 단지 일을 방해만 할 뿐입니다. 제발 합리적인 판단을 해주십시오."

그는 정부에 호소했다. 그러나 정부는 조금이라도 외국 돈을 적게 빌리는 쪽을 선택했다. 게다가 더 황당한 것은 그 경쟁업자가 슬그머니 공장 설립을 포기해버린 것이다. 이원만은 어이가 없었다. 돈을 빌려줄 미국은 오히려 "왜 차관 신청을 안 하고 미루느냐?"라고 물어왔다. 정부가 미루는 통에 4년을 끌다가 4·19혁명 직후에 겨우 결재가 났고, 그 뒤에 공장을 세울 수 있게 된 것이다. 그러나 이원만에게 또 한 번의 큰 시련이 기다리고 있었다.

이원만이 사업 때문에 일본에 머물고 있는 동안 한국에서 5·16(박정희의 주도로 일부 군인들이 제2공화국을 무력으로 무너뜨리고 정권을 장악한 사건)이 일어난 것이다. 1961년 5월 16일에 일어난 이 사건은 대한민국 국민 모두에게 충격이었고, 산업계는 쇠몽둥이로 맞은 것 이상의 충격을 받았다.

이원만은 지은 죄가 없으니 큰일이 일어나지 않을 것이라고 생각했지만 상황은 좋지 않게 흘러갔다. 국가재건최고회의(5·16을 주도한 세력이 만든 국가

최고통치기관)의 위원단들은 전국의 모든 기업을 심사하고 분류했다. 그 결과 78개 기업이 부정축재(잘못된 방법으로 재물을 쌓음) 혐의(범죄를 저질렀을 가능성이 있음)를 받게 되었다. 한국나이롱주식회사 역시 자유당에 정치자금을 헌납하고 이익을 얻을 수 있는 권리를 받았다는 혐의를 받았다. 이원만은 한국에 있는 이동찬에게 전화를 걸었다.

"어찌된 일이냐?"

"아버지, 억울합니다."

이동찬이 울분을 터뜨렸다.

"아버지, 우리는 부정축재자가 아니라 손해를 본 사람들입니다."

한국나이롱주식회사는 자유당 시절에 은행에서 돈을 빌린 적이 있었다. 나일론 원사 공장을 더 세우기 위해서였다. 그런데 2억 환의 대출을 신청했더니 은행에서 그중 5,000만 환을 정치자금으로 미리 빼고 준 것이다. 게다가 은행의 영향력 있는 대주주가 한국나이롱에 그렇게 많은 돈을 주어서는 안 된다고 하는 바람에 절반인 1억 환밖에 받지 못했다. 그러니까 결과적으로는 2억환 어치의 담보를 제공하고 5,000만 환밖에 빌리지 못한 셈이었다. 사정이 그런데도 부정축재로 몰렸으니 억울한 일이었다. 전화를 끊고 이원만은 고민에 빠졌다.

'돌아가면 체포되겠지?'

그런 불안한 마음이 들었지만 한편으로는 스스로를 위로했다.

'내가 무슨 죄가 있는가? 나는 나일론을 처음으로 조국에 가지고 왔고 스트레치사를 처음으로 생산했다. 의생활 혁신을 일으킨 것이 죄인가? 나는

부정축재를 하지 않았다. 겁낼 일도 피할 일도 아니다.'

그는 비겁하게 숨고 싶지 않았다. 일본에서 이원만을 태운 비행기가 김포 공항에 도착했다. 입국장에 들어서자 검은 안경을 쓴 사람들이 그의 앞을 가로막았다.

"이원만 선생님이십니까?"

"예, 그렇습니다만. 누구십니까?"

"의논할 일이 있으니 저희와 함께 가셔야겠습니다."

"잠깐! 말을 정확하게 합시다. 나를 체포하러 온 것입니까?"

상대는 더 이상 대꾸하지 않고 기다리고 있던 차에 이원만을 태웠다. 번호판이 없는 지프차였다.

"군사 정부가 나를 체포하다니, 나도 어느덧 거물이 된 건가?"

차에 오르고 보니 이원만은 이상하게 마음이 편안해졌고 농담을 할 정도로 여유가 생겼다. 차는 곧 중앙청에 이르렀다. 검은 안경을 쓴 사나이가 차를 도로변에 주차하고 전화를 걸기 위해 사라졌다. 그리고 잠시 뒤에 돌아오더니, "선생님 댁으로 모시지요"라고 했다. 그때 이원만은 교동에 살고 있었다. 결국 그는 교동 자택에 감금되고 말았다. 집 문 앞과 골목에 형사들이 지키고 서있었고, 방 밖에도 형사들이 지키고 있었다. 화장실에 갈 때도 따라다녔다. 감금 생활은 사흘 동안 계속되었다. 그리고 사흘이 지나자 검은 안경을 쓴 사람이 다른 형사들을 데리고 사라졌다.

"이게 다 무슨 일이에요?"

무시무시한 분위기에 눌려 숨소리도 제대로 내지 못하던 그의 아내가 그제야 간신히 물었다.

"그러게 말이오."

체포의 위기를 넘기고 나서 여러 가지 소식들이 들려왔다. 이원만이 들은 바에 따르면 그가 체포되지 않은 이유는 "이원만은 그동안 재일 동포를 모국에 데리고 와서 전시회도 열고, 나라의 경제발전을 위해 노력한 사람이니 풀어줘야 한다"라는 의견 덕분이라는 것이었다. 감옥에 가지 않은 것은 다행이었지만, 대신 엄청난 세금을 떠안았다. 그리고 열과 성을 다했던 참의원 생활도 끝내야 했다. 짧은 임기라고 생각했던 3년도 다 채우지 못한 9개월 만이었다.

비가 와야 무지개도 뜬다!

"실패의 경험을 가지신 분, 환영합니다."

미국 항공우주국 나사(NASA)가 달 착륙을 위해 아폴로 11호에 탑승할 우주 비행사를 뽑을 때 내건 조건입니다. 인생에서 심각한 위기를 겪고, 그것을 극복한 경험이 없는 사람은 우주에서 예상치 못한 일들이 일어났을 때, 해결할 수 없을 것이라는 생각에서였습니다.

실제로 달 착륙선 독수리호의 우주 비행사들이 달에서 이륙 스위치를 켤 수 없는 일이 일어났습니다. 스위치는 알루미늄으로 만들어져 두드리면 우그러질 정도로 약했는데, 비좁은 공간에서 우주복을 입고 움직이는 비행사들의 몸이 부딪쳐서 뭉개진 것입니다. 궤도 상공의 우주선과 만나기 위해 출발해야 할 시간은 점점 다가오고, 우주 비행사들의 얼굴은 창백해져갔습니다. 이때, 그들을 구해준 것은 다름 아닌 볼펜 한 자루였습니다. 뭉그러져 들어간 그곳에 볼펜심을 찔러 넣자, 스위치가 켜진 것입니다. 사소하지만 창의적인 생각으로 그들은 큰 위기에서 벗어났고, 그런 뛰어난 생각은 수많은 실패를 이겨낸 내공에서 나온 것이었습니다.

원대한 포부를 갖고 만든 스트레치 나일론사 공장이 막 돌아갈 무렵에 이원만은 실패를 경험했습니다. 그러나 그는 실패에 포기하지 않았습니다. 또, 첫 선거에서 맛본 실패에 사로잡히지 않고, 자신의 약점을 강점으로 바꾸었습니다.

모든 고난의 끝에는 고난의 크기만큼 단 열매가 기다리고 있습니다. 난관에 봉착했을 때, 포기하면 실패로 기억되지만, 그 실패를 극복하면 한 단계 더 성장할 수 있는 계기로 삼을 수 있습니다. 비가 와야 무지개도 뜬다는 생각으로 실패를 기꺼이 감수하는 순간, 인생은 훨씬 행복해집니다. 그리고 다가올 미래도 더욱 기다려지는 법입니다.

수출산업공업단지를 세우다

자신 있다는 사람도 성공할까 말까 한데,

자신 없다는 소리만 되풀이하면 어찌되겠는가?

내가 보기에는 잘살 수 있는 길이 얼마든지 있다. 우글우글한 실업자를

절망스러운 눈으로만 볼 것이 아니라 용기와 희망을 가지고

노는 노동력을 잘 활용해서 세계 공산품 시장에 진출해보라.

우리 겨레의 두뇌와 솜씨는 지구상에서 으뜸이다.

수출이 답이다

장난감 뱀으로
박정희의 마음을 흔들다

군사정부는 부정축재 혐의를 받고 구속했던 기업인들을 차례로 석방했다. 부정축재자 1호로 꼽혔던 삼성 이병철 회장이 박정희(5~9대 대통령) 의장을 만나 경제인들의 억울한 사정을 토로(마음에 있는 것을 모두 드러내어 말함)한 결과였다. 그리고 그 두 사람은 국가를 위한 협력 방안을 함께 고민했고, 그 결과 한국경제인협회(전국경제인연합회의 전신)가 만들어졌다.

한국경제인협회가 세워진 뒤, 국가재건최고회의는 기업인들과 대화의 자리를 마련했다. 그리고 국가재건최고회의 의원들은 나라의 기간산업 건설 계획안을 보여주고 기업인들이 외국 투자자금을 적극적으로 끌어들이도록 설득했다. 한국경제인협회는 민간 외자유치단(외국 자본을 끌어오도록 만드는 단체)을 파견할 테니 해외를 여행할 때 편리하게 하고, 민간에서 차관을 가져올 경우 정부가 보증할 것을 요청했다.

국가재건최고회의가 그 뜻을 받아들이자 곧 외자유치단이 꾸려졌다. 한국경제인협회 회원들은 자신의 주머니를 털어가며 해외자금을 끌어오기 위해 발로 뛰었다. 덕분에 많은 투자자금이 한국에 들어오는 큰 성과를 거두었다.

제1차 경제개발 5개년계획이 시작되었다. 여기저기 공장이 세워지고, 실업자는 줄어들기 시작했다. 그렇게 모든 것이 순조롭게 흘러간다 싶었는데, 1년 뒤 1963년 9월에 다시 뜻밖의 일이 생겼다.

"아버지, 국가재건최고회의에서 연락이 왔습니다."

이원만은 박정희 국가재건최고회의 의장이 주재(어떤 일을 중심이 되어 맡아 처리함)하는 경제간담회에 한국경제인협회의 이사 자격으로 모임에 초대되었다.

"그럴 수밖에 없지. 외환 사정이 극도로 나빠졌다. 상황이 좋아질 때까지 민간사업에 대한 정부의 지불 보증도 중지한다고 발표한 것 봤지? 쯧쯧, 돈을 빌렸으면 제대로 관리해야 하는데 그걸 할 줄 몰라서 그런 것 아니냐. 기업인들의 아이디어를 달라, 이거지. 동찬아, 가방을 하나만 구해오너라."

그는 큼지막한 가방에 경제간담회에 참석할 준비물을 챙기기 시작했다. 이원만은 시간을 넉넉하게 잡고 모임 장소인 '코리아하우스'로 향했다. 코리아하우스에 가니 박정희 의장을 중심으로 군부 중심 세력들이 쭉 앉아있었다. 그 맞은편에는 우리나라를 대표하는 국내 경제인들이 거의 다 참석해 있었다. 그들은 모두 굳은 표정을 하고 있었다. 그런 분위기 속에서 활발한

의견이 나올 수 있을지 걱정되었다. 의장 박정희는 노심초사한 얼굴로 경제
인들에게 말했다.

"저는 오늘 우리나라가 어떻게 부강해질 수 있느냐에 대해서 경제인 여
러분의 의견을 듣고 싶습니다. 예를 들면, 우리나라가 농업국가로 나아가야
합니까, 공업국가로 나아가야 합니까, 상업국가가 되어야 합니까? 여러분의
생각을 편하게 말씀해주십시오."

그러나 아무도 대답하지 않았다. 우선 분위기가 너무 엄숙했다. 그리고
잘못 얘기했다가 눈 밖에 날까봐 다들 눈치만 보았다. 박정희는 실망한 얼
굴이었다.

"왜 모두들 아무 말씀이 없습니까?"

그러자 경제인 가운데 한 명이 손을 들고 일어섰다.

"각하, 우리나라에는 지하자원이 없으니 다른 도리가 없습니다. 북반구의
덴마크처럼 농업국가로 발전해나가야 합니다."

여기저기서 "옳습니다"라는 소리가 나왔다. 그 사람은 자신의 생각에 더
해서 말했다.

"그러니까 전력을 기울여서 산을 일구고 농사지을 땅을 넓혀가야 합니다."

"그래요? 하지만 우리나라에는 인적자원(사람이 일하는 힘을 자원으로 이르는
말)이 많으니 다른 방법도 있지 않겠습니까?"

박정희 의장이 물었다.

"인구가 많다고 하지만 이것을 모두 인적자원이라고 할 수 없습니다. 외
국에서는 모두 기계를 들여와 생산 과정을 자동화하고 있습니다. 그렇게 만

든 공산품을 우리가 손으로 만든 것으로는 절대 당해낼 수가 없습니다.”

“흠, 그래요?”

그런데 그것이 다였다. 그 뒤로는 아무도 말하지 않았다. 이원만은 하고 싶은 말이 가득해서 입이 근질근질했다.

‘농업? 개간? 아니 우리 농토가 대체 몇 마지기나 된다고 저런 소리를 하고 있나!’

이원만은 다른 사람이 말하기를 기다리다 못해 결국 일어섰는데, 손을 짚는다는 것이 잘못해서 ‘쾅!’ 하고 큰 소리가 나게 테이블을 치고 말았다. 사람들의 시선이 모두 이원만에게 쏠렸다.

“의장!”

젖 먹던 힘까지 끌어 올린 것처럼 이원만의 목소리는 쩌렁쩌렁했다. ‘각하’가 아니라 ‘의장’이라는 의외의 호칭에 사람들은 멈칫했다. 검은 안경을 쓴 박정희가 대답했다.

“말씀하시오.”

“경제인이라면 창의력을 발휘해서 안 되는 일도 되게 만들어야 합니다. 그런데 처음부터 소극적으로 안 된다고 하면 어떡합니까? 그래가지고 우리 국민들을 잘살게 할 수 있겠습니까? 농업은 물론 중요합니다. 하지만 농업만으로는 국제사회에서 낙제생이 되고 말아요. 결코 잘살 수가 없어요. 어렵게 빌려온 돈으로 농업만 발전시켜 우리만 잘살면 그 돈은 갚을 수가 없습니다. 농공진흥정책을 써서 상품을 외국에 수출해 외화를 벌어들여야 합니다.”

사람들은 이원만이 하는 말에 관심을 보이며 귀를 기울였다.

"아까 어느 분께서 지하자원이 없으니까 농업화밖에 길이 없다고 하신 것 같은데, 천만의 말씀입니다. 지하자원이 없어도 산업화는 얼마든지 가능합니다. 가까운 예로 일본을 한번 보십시오."

일본은 당시 경제의 틀이 잡혀 번창하고 있었다. 도쿄 올림픽을 준비하면서 패전의 허탈감에서 벗어나 건설과 수출로 국력을 키웠기 때문이다.

"일본이 지하자원이 많아서 저렇게 발전하고 있습니까? 경제인 여러분이 대답해주십시오."

장내는 고요했다.

"일본에는 지하자원이 없습니다. 석유도 없습니다. 그런데 세계가 놀랄 만큼 발전하고 있습니다. 우리도 지하자원 없이 공업을 일으킬 수 있습니다. 우리나라를 농업국가로 만들어서 어디로 끌고 갈 작정입니까? 덴마크요? 우리가 덴마크랑 사정이 같습니까?"

말을 하다보니 이원만의 목소리가 높아졌다. 장내가 술렁거렸다. 하지만 이원만은 멈추지 않았다.

"미국을 봅시다. 미국처럼 자원이 풍부한 나라도 드물 것입니다. 그런데 인디언들은 무엇을 했습니까? 그 자원의 소중함을 모르고, 그냥 둬서 결국 망해버렸습니다. 미국인이 그 자원을 파내서 부자가 되었지요. 그리니까 자원이 있고 없고가 중요한 것이 아니라 신념을 가지고 계획을 세우는 일이 중요한 것입니다."

"그래서요?"

이번에는 박정희가 물었다.

"일본 사람들은 인적자원밖에 없어서 머리를 써서 돈을 벌고 있습니다. 우리 국민은 일본 사람들보다 머리가 좋았으면 좋았지 나쁘지 않습니다. 우리도 인적자원을 활용해서 외화를 얼마든지 벌어들일 수 있습니다. 제 눈에는 우리나라 자연이 다 돈으로 보입니다. 모래 한 알, 조개껍데기 하나도 돈이 아닌 게 없어요. 우리나라 공중에 달러가 둥둥 떠있습니다. 대한민국이라는 꽃 위에 돈이 앉으려고 꿀벌처럼 빙빙 돌고 있단 말입니다. 꿀벌이 앉을 곳을 찾을 때는 우선 바가지라도 엎어놓고 꿀벌이 앉도록 해야 합니다."

어찌나 열중했던지 손을 휘휘 저으며 꿀벌이 나는 모습을 흉내 냈다. 갑자기 튀어나온 꿀벌 흉내에 참석자들이 큰 소리로 웃었다. 박정희가 손을 들어 그들을 제지했다.

"조용히 들읍시다. 이치에 맞는 이야기입니다."

장내가 다시 쥐죽은 듯 조용해졌다. 이원만은 말을 이었다.

"지금은 국가의 백년대계를 세우는 귀중한 시간입니다. 중농정책을 말할 때가 아닙니다. 우리는 무조건 공업 국가로 나아가야 합니다. 아까 몇 분이 안 되는 이유를 말씀하셨는데, 자동화가 안 되면 우선 손으로 만들 수 있는 제품을 만들어서 팔면 됩니다. 제가 예를 들어볼까요?"

어느새 사람들은 그의 말에 빠져들었다. 이원만은 주변을 살펴 테이블 위에 있는 음식을 담은 도자기 쟁반과 숟가락, 포크를 번쩍 들어올렸다.

"손으로도 충분한 이유가 여기에 있습니다. 자동화가 아니라도 쟁반, 접시, 숟가락, 포크 등을 얼마든지 손으로 만들 수 있습니다. 우리에게 고려청자, 조선 백자 등을 만든 기술이 있습니다. 중국의 것보다 우수해서 일본 사람들이 우리 도공을 잡아가기까지 하지 않았습니까? 그랬던 일본이 지금 도자기를 만들어 전 세계에 팔고 있습니다. 그들은 이것을 '세도모노', '세도야끼'라는 이름을 붙여 마치 자기네들의 특허처럼 이야기하지요. 전 세계 어디에 가도 일본의 '노리다께' 식기가 판을 칩니다. 일본의 어떤 회사는 도자기로 수세식 변기를 만들어 전 세계에 팔고 있습니다. 일본의 도자기 기술은 우리한테서 나왔고, 원료도 우리 것을 씁니다. 하동에 가면 그 원료가 매우 많습니다. 그 재료의 질은 세계에서 으뜸인 수준이라 일본에서는 1만 2,000환입니다만, 우리나라에서는 1,200환입니다. 헐값으로 일본에 팔아 운송비로 다 뺏기고 있습니다. 그러니까 그 원료를 우리가 활용해서 만들기만 해도 상황은 훨씬 좋아집니다. 부산에 있는 조그만 공장에 돈을 투자해서 대규모의 공장을 만들어도 됩니다. 일본처럼 세계에 수출을 못할 것이 무업니까?"

숟가락과 포크에 관한 긴 연설이 계속되었다. 박정희가 진지한 얼굴로 듣고 있으니 이원만은 더 힘이 나서 목소리를 높였다.

"무엇이든지 머리를 쓰면 수출할 수 있습니다. 우리 몸을 한번 볼까요? 먼저 이 머리의 가쓰라!"

'가쓰라'는 가발을 뜻하는 일본말이었다. 모두가 또 한바탕 웃었다. 이원만은 일본에서 오래 지낸 탓에 '가발'이라는 한국말을 몰랐던 것이다. 하지만 이원만은 흥분해서 사람들의 웃음소리가 귀에 들리지 않았다.

"가쓰라를 만드는 데는 큰 기계가 필요 없습니다. 또 자동화로는 절대 못 만드는 것이니 이것을 우리 부녀자들이 만들면 됩니다. 지금 전 세계에서 가쓰라를 구하고 있습니다. 우리가 만들기만 하면 바로 수출이 될 겁니다. 어떻게 확신하느냐고요? 지금 서양 여자들은 파마하는 데에 시간이 걸리고 돈이 들어서 그것을 절약하기 위해 가쓰라를 애용합니다. 금빛, 은빛, 회색, 까만색 등등 대여섯 가지를 사다 놓고 기분 내키는 대로 씁니다."

사람들은 더 이상 가쓰라라는 말에 신경을 쓰지 않는 듯했다. 웃음소리도 사라졌고, 그의 말에 고개를 끄덕이는 사람도 보였다.

"지금은 사람의 머리카락으로 만들고 있지만 앞으로는 나일론 같은 소재로 만들 수 있습니다. 여자들이 붙이는 속눈썹도 그래요. 양복, 넥타이, 양말도 만들어 수출할 수 있습니다. 아! 양말은 제가 수출하지요."

또 웃음이 흘러 나왔다. 길지만 지루하지 않은 이원만의 연설은 계속되었다.

"식량의 자급자족에만 신경을 써서는 안 됩니다. 그리고 뒤집어 말하면 실업자가 자원이란 말입니다."

이원만의 연설은 거의 한 시간 동안 계속됐다. 장내는 후텁지근하고 더웠다. 이원만의 온몸은 땀으로 범벅이었다. 얼굴에서는 계속 땀이 주르륵 흘러 목을 타고 떨어졌다. 그제야 이원만은 말을 멈추었다. 그는 그 자리에 서서 꾸벅 인사를 했다. 사람들은 그가 갑자기 말을 멈추고 인사를 해서 멈칫했다.

"땀이 나서 그만하겠습니다."

장내에 웃음소리와 함께 함성이 터져나왔다. 그가 구체적인 예를 들어서 재미있게 설명하는 동안 사람들의 긴장이 어느새 모두 풀려있었다.

"이원만 씨, 앞으로 30분 동안만 이야기를 더 듣고 싶습니다. 조금만 더 부탁합니다. 여러분, 웃지 마시고 조용히 들읍시다."

박정희가 말했다. 이원만은 땀을 닦고 다시 일어섰다.

"베이비 양복(아기 옷)도 얼마든지 만들 수 있습니다. 일본에서 베이비 양복을 만들고 연간 5,500만 달러에서 6,000만 달러를 벌어들입니다. 우리 부녀자들도 만들 수 있어요. 뜨개질해서 옷과 양말을 만들면 외국에 얼마든지 팔수가 있습니다. 일본 여자들이 하는데 우리가 왜 못합니까? 요즘 서양 사람들은 기계보다 손으로 짠 옷을 좋아합니다. 기계가 만능이라는 생각을 버리십시오."

그리고 이원만은 가지고 온 가방에서 무언가를 꺼내들었다. 장난감 뱀이었다.

"이것 보십시오."

그가 마구 흔들어대니 사람들이 '와하하하' 웃어댔다.

"이 뱀을 보면 징그럽지요? 하지만 이 뱀은 돈이 되는 뱀입니다. 헌 고무 타이어 조각으로 만들었습니다. 일본이 외국에 수출해서 돈을 벌어들이고 있는 효자상품이지요. 우리도 폐 타이어나 헌 고무를 버리지 말고 수집해서 뱀

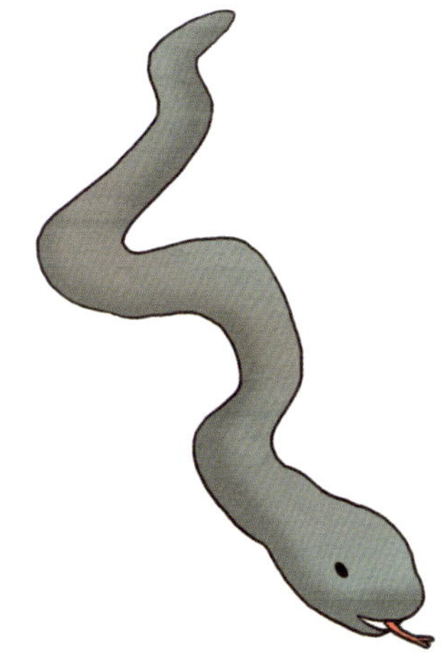

의 몸통을 만들고, 알록달록 색칠해서 수출합시다. 이 혀는 그냥 붉은 실로 만든 겁니다.”

그는 손가락으로 뱀 혀를 툭툭 쳤다.

“개구리도 보시렵니까? 이것도 고무로 만든 것인데 폴짝폴짝 뜁니다. 이런 것이 다 수공예품입니다.”

1미터 남짓 되는 길이의 장난감 칼도 꺼내들었다. 앞으로 휙 찌르는 시늉을 하니 박정희도 참지 못하고 웃었다. 회의장의 얼음 같던 분위기는 완전히 녹아버렸다.

“이 칼은 나무도 쇠도 아닌 고무입니다. 이렇게 휘어지고, 찔러도 위험하지 않아요. 그러니 외국 사람들이 안심하고 아이에게 사줍니다. 하얗고 번쩍이는 것은 갈치 비늘을 칠한 겁니다. 고무에 갈치 비늘이라는 아이디어를 보태서 일본인들이 멋진 수출품을 만들었습니다. 포항에 가면 우리도 갈치 비늘이 많습니다. 못 팔아서 썩고 있지요. 산에 오르지도 않고 산이 높다고만 하면 어떡합니까? 그 산에 올라가야 합니다. 꽃도 나무도 다 수출할 수 있습니다. 우리나라는 사람들의 머리가 좋은 데다가 선진국들보다 임금이 싸니 장점이 많습니다. 외국 자본을 끌어들이기 위해 적극적으로 공업국가로 변신하기를 꾀하고, 수출을 위해 힘을 모아야 합니다.”

이원만은 연설을 마쳤다. 박수가 터져나왔다. 할 말을 다하고 나니 몇 년 묵은 체증이 다 내려간 듯 시원했다. 땀을 닦고 있는데 박정희가 다가왔다. 회의를 시작할 무렵의 얼굴보다 훨씬 부드럽고 환해보였다.

“오늘 덕분에 많은 힘을 얻었습니다. 앞으로도 적극적으로 협력해주십시오.”

“예, 협력하겠습니다. 의장님.”

“오늘에 이어 이야기를 더 듣고 싶으니 내일 중앙청으로 나와주십시오. 오전 열 시가 좋겠습니다.”

“네, 그럼요. 가고말고요.”

구로동이 어떻습니까?

이튿날, 이원만은 박정희 의장을 만나기 위해 중앙청에 정각 열 시 전에 도착했다. 그런데 문을 지키는 보초가 이원만을 막고 못 들어가게 했다.

“나는 의장의 부름을 받고 온 사람입니다.”

설명해도 막무가내였다. 결국 이원만은 신원까지 조사받고 난 뒤에야 풀려났다. 헐레벌떡 뛰어 문을 열고 들어가니 박정희와 주요 경제계 인물들이 기다리고 있었다. 오 분 지각이었다.

“어서오십시오. 이제 다 모였으니 어제 하던 이야기를 계속하시지요. 그럼 구체적인 방법을 생각해두신 것이 있습니까?”

“각하, 그 전에 건의 사항이 하나 있습니다.”

“말씀하십시오.”

“큰일을 하자면 각하를 자주 봬야 하는데 오늘처럼 문 앞에서 제지를 당하면 능률이 오르지 않습니다. 나이 든 사람이 일일이 문 앞에서 설명할 수도 없으니 연락 비서관을 한 명 붙여주십시오.”

“좋습니다. 태준이, 자네가 좀 맡아주게.”

박정희는 그 자리에서 박태준(후일 포항제철 회장)을 연락 비서관으로 임명했다. 그제야 이원만은 마음 놓고 자신이 생각한 바를 설명했다.

“왜 우리나라 외환고가 텅텅 비었는지 그 원인을 생각해야 합니다. 지난 몇 년 동안에 우리나라가 수출한 내용을 보면 놀라서 입이 쩍 벌어질 지경입니다. 1961년 최대 수출품은 철광석이었고 10대 수출품에 중석, 무연탄, 흑연을 포함해 광물만 4개가 들어갔습니다. 광물 말고도 생사(누에고치에서 뽑은 실), 오징어, 활어, 돼지털, 심지어 쌀도 수출했습니다. 4, 5월에 보릿고개도 넘지 못하고 굶어 죽는 사람이 많고, 쌀을 아끼기 위해서 다른 잡곡과 섞어 먹는 마당에 쌀을 수출한다는 게 솔직히 말이 안 되지요. 하지만, 그럴 수밖에 없는 이유는 그런 것 말고는 수출할 것이 없었기 때문이 아니겠습니까? 다람쥐, 갯지렁이, 뱀, 메뚜기, 뱀장어를 비롯해 우리나라에서 사는 동식물은 죄다 수출품이 됐는데, 공산품으로는 딱 하나 합판이 있었습니다. 이래서는 돈을 벌 수 없습니다. 우리는 수출을 위해서 공업단지를 꼭 만들어야 합니다. 제가 서울 변두리에 있는 100만 평가량의 땅을 사겠습니다. 일이 끝나면 모두 국가에 기부하겠습니다.”

“100만 평은 정부에서 지원할 수 있습니다. 근데 그곳에서 무엇을 합니까?”

“재일 동포 중에는 돈이 많고 해외에 시장을 가진 사람들이 많습니다. 그들은 사장이고 기술자이기도 합니다. 그 사람들이 200만 평 땅에 투자해서 공장을 세우게 합시다. 그들이 돈과 기술, 그리고 해외 시장을 가지고 여기에 들어오게 하는 겁니다."

박정희는 골똘히 생각에 잠겼다.

"수출산업공업단지가 조성되면 재일 동포뿐 아니라 외국인들도 불러 보세가공을 할 수도 있습니다."

"무역에 밝은 천우사의 전택보 사장도 홍콩을 예로 들면서 보세가공 무역이 바람직하다고 하더군요. 좋습니다. 아주 좋아요."

박정희는 즉석에서 그의 제안을 받아들였다.

"서울 근교라고 하면 구로동이 어떻습니까? 인천항에서는 28킬로미터 거리에 있어 원료 수입과 완성품 운반도 편리할 겁니다. 게다가 육군이 쓰다 남은 땅이 있는 것으로 아는데?"

"맞습니다. 각하."

옆에 있던 박태준이 대답했다.

"그럼 100만 평가량을 지원하겠습니다. 어떻습니까, 이 사장님?"

"좋습니다. 그럼 저는 자금을 대겠습니다. 제 돈도 대고 다른 사업가들의 투자자금도 모아 오겠습니다. 기부도 받고요."

두 사람은 두 손을 굳게 잡았다.

"공업단지의 이름은 뭐가 좋겠습니까? 망설이지 말고 의견을 내보세요."

어제와는 사뭇 다른 분위기 속에 그 자리에 모인 사람들은 공업단지 이름에 대해서 활발하게 생각을 나누었다.

집으로 돌아온 이원만은 쉽게 잠을 이루지 못했다. 그의 머릿속에는 지난 해 김포 공항에 첫발을 내디딘 순간부터 지금까지 주마등처럼 스쳐지나 갔다. 그는 자신의 의견을 사심 없이 들어 준 박정희에게 고마운 마음이 들 었다. 그리고 한편으로는 자신이 공업단지를 세우는 일을 감당할 수 있을지 걱정이 되었다. 하지만 늘 그랬듯이 낙천적인 생각을 하며 잠이 들었다.

'남자로 태어나 국가와 민족을 위해 사고 한번 치는 거다. 뼈를 깎고, 신명(몸과 목숨)을 바치더라도 꼭 이루고야 말겠어.'

다음 날부터 이원만의 모든 생각과 행동은 온통 구로동 수출산업공업단지 건설에 모아졌다. 그런데 그런 그의 열정을 어떤 사람들은 곱게 보지 않았다.

"이원만의 제안은 탁상공론(卓上空論, 현실성이 없는 허황한 이론이나 논의)이야. 현실로 이루어지기 어려워."

그 이야기를 전해들은 이원만은 섭섭하고 외로웠다. 그래도 다행히 그의 마음을 알아주는 동지가 있었다. 한국경제인협회 회장인 이정림(후일 한국석유화학공업협회 회장)이었다. 그는 1961년에 한일 시멘트 주식회사를 설립하고 1963년에 한국경제인협회 회장이 되었다. 그런 경제계 유력 인사가 이원만의 손을 잡아주니 백만 대군을 얻은 것 같았다.

수출 1번지,
구로동 수출산업공업단지

표정으로 승부한 재일 동포자금

1963년 10월 12일, 한국 수출산업공업단지가 발족되자 이원만은 창립 위원장이 되었다. 가장 시급한 것은 공업단지 건설을 위한 자금이었다. 이원만은 재일 기업가들을 구로동에 불러들이기 위해 일본으로 건너갔다. 경제인협회 회장 이정림이 같이 갔다.

일본으로 가는 비행기에서 이원만은 오랜만에 긴장감과 사명감을 느꼈다. 그는 북쪽으로는 홋카이도, 도쿄, 오사카에서부터 남으로는 규슈에 이르기까지 동포 기업가들을 만나 설득했다.

"우리는 조국에 수출산업공업단지를 만들고 있습니다. 서울 구로동에 넓은 땅을 마련했습니다. 우리가 일본에 와서 성공했으면 문자 그대로 금의환향해야 하지 않겠습니까? 사정에 따라 다시 고향에 못 간다면, 조국에다 공장을 세워 조국 경제 부흥에 이바지할 수는 있습니다."

가끔은 감정에 기대어 말했다.

"일본인들은 우리를 차별합니다. 일본이 번영할수록 우리는 일본에서 사업하기가 더 어렵지요. 또 남의 땅에서 늙어 죽으면 무엇합니까? 자기 나라에 가서 자기 나라 일을 해야지, 3대 이상을 살아야 선거권을 얻을 수 있는 이 땅에서 우리는 아직도 이방인일 뿐입니다."

이원만은 자신이 일본에 살면서 절실하게 느꼈던 점, 주변에서 보고 들은 사실을 예로 들었다.

"일본에 있는 여러분은 일본인 아내를 얻어 아들딸 낳고 다복하지요? 하지만 당장 죽는다고 생각해보십시오. 죽고 나면 아내는 재혼하고 아이들은 일본 사람이 될 겁니다. 도대체 무슨 보람이 있습니까? 그것이 여러분이 일본에 있는 목적입니까? 돈을 벌었다면 조국에 가서 일을 하고 고향을 위해서도 일하는 것이 보람 있는 인생이 아니겠습니까? 고향이 따뜻하게 여러분을 부르고 있습니다. 조국은 여러분이 돌아와 공장을 세워주기를 고대하고 있습니다. 더 이상 일본 사람인 척하지 맙시다. 얼마나 고국이 그리웠습니까? 지금 성공했을 때 돌아갑시다. 내 나라에서 떳떳하게 일을 합시다!"

이원만은 연설을 하다가 감정이 복받쳐 자신도 모르게 눈물을 흘리곤 했다. 그때에는 모인 청중도 따라 울었다. 한국말을 모르는 그들의 부인들도 덩달아 울었다. 수행원 중 한 사람이 한 부인에게 물었다.

"사모님, 왜 우십니까?"

"이상하게 눈물이 나오네요. 저분의 표정이 너무 슬픕니다."

이원만은 그렇게 연설로 사람들의 마음을 흔들었다. 나이든 사람들에게는 친근하게 사투리를 섞어 공감을 불러일으키기도 했다.

"이보게들, 우리가 여기에 와서 고생해서 돈을 모았는데 지금 형편이 어떻노 말이다. 자식이 애비를 아나, 손자가 할배를 아나. 우리가 지금에 와서 이 꼴이 뭐꼬? 돈 벌었으니 인자 조국 가서 일하자."

그리고 마지막에 두보의 시를 읊었다.

맑은 달밤 걸음걸음 고향 생각 간절하고

밝은 하늘 저 구름은 동기 생각 더 하여라

논리와 감성 모두에 호소하는 그의 연설에 마음이 움직인 많은 사람들이 고국에 돈을 대주기로 결심했다.

일본에 머무르며 동포들에게 자금을 받는 동안 거물급 7, 8명의 경제인에게 투자받기로 약속받았지만, 이원만은 만족스럽지 않았다. 그러다 뜻밖에 성과를 거두었다. 일본 벼농사 전문가를 만난 것이다.

이원만은 예전에 한국에서 농촌진흥청 책임자를 만날 기회가 있었는데 깜짝 놀랄만한 이야기를 들었다.

"우리 논농사는 일본 논농사보다 30년이나 뒤처져 있습니다. 생산량이 절반에도 못 미칩니다."

"그렇게 심각합니까? 대체 그 이유가 뭡니까?"

"경작법과 종자 개량이 시급합니다."

"그럼 어떻게 해야 도움이 되겠습니까?"

"동양에서는 필리핀이 열심히 연구 중이고, 미국도 대규모 재배를 시도하고 있습니다. 하지만 벼농사는 역시 일본이 세계 최고의 수준입니다. 그들의 기술을 배울 수만 있다면…."

농촌진흥청 책임자는 말끝을 흐렸다. 식민지에서 벗어난 지 얼마 되지 않아 일본에 대한 감정이 좋지 않았고, 일본이 그런 뛰어난 기술을 먼저 가르쳐주겠다고 할 리도 없었기 때문이다.

이원만은 그때의 일을 잊지 않고 홋카이도 대학을 찾아갔다. 홋카이도 대학은 농학에 관해서는 일본에서도 알아주는 곳이었다. 그 대학의 교수 이시

즈카는 이원만의 열성에 감탄해서 힘껏 도와주겠노라 약속했다. 그리고 논농사의 최고 권위자인 호소카와 교수를 찾아가라고 했다. 이원만은 한달음에 호소카와 교수를 찾아갔다. 그러나 호소카와 교수는 쌀쌀맞게 거절했다.

"나는 여기서 맡은 일이 있기 때문에 다른 나라에 나갈 수 없습니다."

너무 확고한 호소카와 교수의 태도에 이원만은 자신도 모르게 욱하는 마음이 들었다.

"학식도 높고 교양도 있으신 분이 그러시면 안 되지요. 그리고 이건 단순히 개인적인 일이 아닙니다. 국가적으로 봐주세요. 그리고 일본이 한국에게 저지른 일이 미안하지도 않습니까?"

그는 명성황후 시해에서부터 시작해 국권피탈, 심지어 남북 분단도 일본의 책임이라며 죄책감이 있으면 같이 한국으로 가서 도와주어야 한다고 설득했다. 그러나 호소카와는 만만치 않는 상대였다.

"나는 그런 것 모릅니다. 내게 주어진 일을 열심히 할 뿐입니다. 강의 시간이 다 되었으니 그만 가주십시오."

이원만은 숙소에 돌아왔지만 분이 풀리지 않았다.

"그만하면 되었습니다. 이미 가겠다는 분들로도 충분합니다. 이시즈카 교수와 도쿄 대학의 히로노리도 같이 가겠다고 하지 않았습니까."

이정림이 위로했지만, 이원만은 고개를 가로저었다.

"아닙니다. 호소카와 그 사람이 최고라고 하지 않습니까? 최고를 데려가야지요."

그는 홋카이도 대학 출신의 한국 사람들을 수소문했다. 그리고 그들에게 호소카와를 설득해달라고 부탁했다. 결국 며칠 뒤, 호소카와로부터 연락이 왔다.

"내가 졌소! 함께 갑시다. 딱 일주일 동안입니다."

"바쁘신데 시간을 내주셔서 고맙습니다. 박사님의 귀한 걸음이 한국과 일본의 화합을 위한 씨앗이 될 것입니다."

이원만과 이정림은 100만 원씩 각자의 돈으로 농업 전문가들의 체류 비용을 댔다. 그 뜻을 높이 산 재일 동포 사업가들도 돈을 모아 왕복 항공비등을 댔다.

호소카와는 일본에서 보여줬던 태도와는 달리, 한국에서 남루한 옷을 입고, 작업용 장화를 신고 열심히 강의했다. 강의는 큰 호응을 얻었다. 지방에서도 사람들이 몰려와서 강의를 하루에서 사흘, 열흘까지 늘려야 했다.

한국나이롱

1963년 8월 8일, '한국나이롱주식회사'의 성대한 준공식(공사를 마친 것을 축하하는 의식)이 거행되었다. 5·16으로 멈췄던 공사가 1962년 가을에 드디어 끝이 난 것이다. 공사가 시작된 지 2년 만이었다. 이원만은 입버릇처럼 말했다.

"나는 지금 일본에서 생산된 나일론 실을 한국으로 수입해 직조업자에게 공급하고 있지만 곧 이 나일론 실을 한국에서 만들겠습니다. 우리가 죽어라고 일해서 남의 나라에만 돈을 줘서 되겠습니까? 이제 나일론 실도 만들고 발전소도 늘리고 시멘트나 비료 공장도 지으면 우리나라도 일본처럼 잘살 수 있습니다.”

제1차 경제개발 5개년계획 중 하나로 미국의 켐텍스사와 합작투자(두 나라 이상의 기업·개인·정부기관이 특정한 기업에 같이 투자하는 방식)해 그 열매를 보게 되었으니, 개인뿐 아니라 국가적으로도 획기적인 일이었다.

준공식을 며칠 앞두고 나일론 기계의 시험 가동이 시작되었다. 임원들도 모두 작업복 차림으로 기계 앞에 떨리는 마음으로 섰다. 곧이어 기계가 돌아가고 원료인 카프로락탐에서 흰 나일론 원사가 나올 차례였다. 일본인 기술자들이 비장한 얼굴로 기계를 돌렸다. 그런데 숨을 죽이고 들여다보는 이원만의 눈앞에 나타난 것은 뜻밖에도 검은 실이었다. 2년 동안 하얀 실이 줄줄 나오길 바란 이원만으로서는 기가 막힐 노릇이었다.

“이게 어떻게 된 일입니까?”

이원만은 손까지 부들부들 떨었다. 아무도 대답하지 못하고 서있었다. 그런데 잠시 후, 까만 실을 토해내던 기계가 점차 노란 실을 토해내었다.

“회장님, 이것 보십시오. 조금만, 조금만 더 지켜보시지요.”

누군가 말했다.

일 초가 한 시간처럼 느껴졌다. 참고 기다리니 드디어 거미줄처럼 얇고 하얀 실이 나왔다.

“나왔다, 나왔어. 하얀색 실이 나왔어!”

이원만은 자기도 모르게 소리를 질렀다. 드디어 이원만이 화학섬유의 선

구자가 되는 순간이었다. 더운 여름, 흘러내리는 짭짤한 땀이 달게만 느껴졌다.

며칠 뒤 1963년 8월 8일, 새로 지어진 웅장한 공장 앞에 단상을 만들고 넓은 땅 한쪽에 야외 연회장을 만들었다. 정오가 조금 지나자 구경하려는 사람들이 몰려왔다. 초대된 국내외 귀빈들도 하나둘 자리에 앉았다. 감격에 찬 이원만은 단상에서 말했다.

"나는 이 세상에 태어나서 남의 도움을 많이 받았으니 나도 남에게 도움을 주어야겠다고 항상 생각하고 있었습니다. 그래서 우리 동포들에게 의복을 주자고 결심했습니다. 싸고 질긴 의복을 동포들에게 입히고, 양말 뒤꿈치를 꿰매는 일로부터 자유롭게 하고 싶었습니다. 그리해 오늘 나는 한국에서 처음으로 나일론 원사를 생산했습니다. 옛 말에 옷이 날개라는 말이 있습니다. 우리 민족도 옷을 잘 입고 떳떳하게 밖으로 나가 세계와 경쟁합시다.”

박수를 받으며 내려오는 이원만은 가슴이 벅찼다. 그 다음에 박정희 국가 재건최고회의 의장이 단상에 올랐다. 육군 대장의 정복을 입고 선글라스를 쓴 그를 보며 이원만은 감회에 젖었다. 코리아하우스에서 있었던 경제간담회가 바로 엊그제 일처럼 생생했다.

“제1차 경제개발 5개년계획의 첫 사업인 이 공장은 연 300만 달러의 수입을 가져올 것입니다.”

의장 박정희의 칭찬이 계속되었고, 대구 시민들은 중대한 사업이 자신들의 고장에서 벌어졌다는 사실에 뿌듯해했다.

이듬해인 1964년 1월 1일, 한국나이롱의 원사 공장은 가동을 시작했다. 생산된 나일론 원사는 ‘나일론6’, 상품 이름은 ‘코오롱(KOLON)’으로 ‘코리아나일론(Korea Nylon)’의 합성어였다. ‘한국나이롱주식회사의 제품’이란 뜻도 되고 ‘한국의 나일론’이라는 뜻도 된다. 이때의 상품 이름에서 ‘코오롱’이라는 그룹의 이름도 탄생했다.

공장은 하루에 2.5톤 정도를 생산했다. 처음에는 주로 양말, 메리야스, 직물 등에 쓰이던 나일론이 차츰 농촌용 면포, 어망용, 타이어 코드용으로 더 많이 쓰였다. 합성섬유의 시장성은 사회가 첨단화되고 다양해질수록 더욱 넓어져갔다.

나일론 원사 공장을 완성한 이원만은 한국 기술자를 뽑았다. 서울대학교

화학과 졸업생을 포함한 10명을 뽑았다. 그들은 일본인 기술자들로부터 빠르게 기술을 배웠다. 기계가 작동한 지 1년도 되지 않아 일본인 기술자들은 자기네 나라로 돌아갔다.

국내에서 나일론을 처음으로 만들다보니 생각하지 못한 문제가 생겼다. 예를 들면 공장에서 나오는 물 냄새가 심해서 주민들이 항의를 하고는 했다. 이원만은 하수처리 공사와 함께 그 원인을 찾아서 해결했다. 수출에 온 힘을 다 쓸 준비가 차근차근 진행되고 있었다.

서울 구로에서 수출산업공업단지 1호 일명 '구로공단'이 1965년 첫 삽을 떠서 1967년 4월에 완성되었다. 지금은 '서울디지털산업단지'로 탈바꿈 해 IT·패션·출판 등 첨단산업단지가 되어 있는데, 이때는 섬유류 및 플라스틱 제품, 전자기기, 광학기기, 피혁, 소공구 등이 주요 산업이었다. 그와 관련된 경공업 공장 30여 개가 26억 원 투자 규모로 세워졌다. 대부분 재일·재미 동포 사업가들이 투자한 것이었다. 한국나이롱주식회사는 구로공단 첫 입주사가 되었다. 고용인원은 6,000명, 연간 수출 목표는 2,500만 달러였다.

"앞으로 25개 공장을 더 세우겠다는 계획을 세우고 있으니 우리가 분발해서 가능성을 보여주자."

이원만은 의지를 불태웠다. 구로공단은 섬유·봉제 등 우리나라 제조업을 이끄는 물품을 생산하며 수출산업의 중심이 되었다. 섬유제품과 더불어 가발도 중요한 수출품으로 손꼽혔다. 이원만이 코리아하우스에서 연설한 이후 가발 수출은 1964년 1만 6,000달러에서 1965년 155만 달러로 급성장을 했다.

구로공단이 생기자 엿장수들이 리어카를 끌고 전국 방방곡곡을 누비면서 부녀자의 머리카락을 수집했다. 여직공들은 그 머리카락을 섬세한 손으로 가공했다. 부모의 약값 때문에, 동생 학비를 대느라 머리카락을 잘라 파는 여인의 이야기가 드라마의 단골 소재로 등장했다. 한국산 가발과 속눈썹은 특히 미국에서 선풍적인 인기를 끌었다. 미국의 유명한 여배우 엘리자베스 테일러가 자주 쓴 속눈썹도 한국산이었다는 이야기가 돌 정도였다.

전국에서 수많은 여성들이 구로공단에 몰려들었다. 그들 덕분에 1970년대 후반에는 우리나라 전체 수출의 10퍼센트 이상을 감당할 만큼 전성기를 누렸다. 가난했던 여직공들은 이곳에서 낮에 일하고 밤에 공부했다. 근처의 영등포 여자 상업고등학교에는 그녀들을 위한 야간반이 생겨났다.

구로공단이 생기면서 수출에 대한 사람들의 생각과 자세가 달라졌다. 이원만은 그것도 큰 수확이라고 생각했다.

이원만이 말한 대로 세상에는 돈이 되지 않는 것은 없었다. 1970년대 공중화장실에는 오줌이 해외로 수출된다는 안내문이 내걸렸다. 오줌에서 추출한 '유로키나제'가 중풍치료제로 쓰여 수출된 것이다. 당시 유로키나제는 1킬로그램당 2,000달러가 넘는 높은 가격의 수출품이었다. 초·중·고교나 예비군 훈련장, 버스터미널 화장실에도 어김없이 오줌을 수집하는 흰색 플라스틱 통이 마련되었다.

환경미화원들도 수출전선에 투입됐다. 독일의 한 제약회사가 생산하는 혈액순환 촉진제 원료를 은행잎에서 추출했기 때문이다. 은행나무는 하루아침에 '돈나무'가 되었다.

배짱을 가져라!

“너, 글 읽을 줄 알지?”

유명한 극작가 윌리엄 질렛의 손에는 〈셜록홈즈〉 대본이 들려있었습니다.

“네, 읽을 수 있습니다.”

“좋다, 찰리. 그럼 내일까지 대사를 모두 외워올 수 있겠니?”

윌리엄 질렛은 소년의 눈을 보았습니다.

“네. 할 수 있습니다.”

열한 살 소년은 떨지 않고 자신 있게 대답했고, 윌리엄 질렛은 대본을 건네주었습니다. 그러나 소년의 말은 거짓말이었습니다. 그는 글을 읽을 줄 몰랐습니다. 대신 집으로 돌아와 병상에 있는 어머니에게 대본을 읽어달라고 부탁했습니다.

“어쩌자고 그런 말도 안 되는 약속을 했니?”

“어머니, 우리에게는 빵이 필요하잖아요. 내일 무대에 오르면 며칠 동안 빵값은 해결할 수 있어요. 걱정 마세요. 저는 읽어주시기만 하면 외울 자신이 있으니까요.”

소년은 장담한 대로 대본을 모두 외워서 무대에 올라 떨지 않고 무사히 공연을 마쳤습니다.

이 배짱 든든한 소년이 바로 유명한 영화배우 ‘찰리 채플린’입니다. 그는 유명한 극작가 앞에서도 위축되지 않고, 배짱 있는 모습으로 좋은 기회를 잡을 수 있었습니다.

이원만은 찰리 채플린 못지않게 자신만만하고, 배짱이 넘치는 사람이었습니다. 몸집이 자신의 두 배나 되는 거구와의 씨름을 하게 되었을 때에도, 대통령 앞에 불려 나갔을 때에도 절대 기죽지 않았습니다. 그는 아무리 지위가 높은 사람 앞이라 해도 자신의 생각,

해야 할 말은 다 했습니다. 대통령 앞이라 모두들 경직되어 있는 장소에서도, 넉살 좋게 테이블에 놓인 과자를 집어 먹으며 "와 아무도 안 묵노?" 하는 사람은 그밖에 없었다고 합니다. 그런 배짱이 있었기에 한국 섬유산업의 새로운 역사를 만들었고, 수출 대한민국의 기초를 닦을 수 있었던 것이 아닐까요?

유명한 자동차 디자이너 피터 슈라이어는 이렇게 말했습니다.

"배짱이 큰 만큼 성공할 수 있습니다. 인생에 있어서 가장 큰 손해는 배짱이 없는 것입니다."

여러분, 스스로에게 말해보세요.

"세상 앞에 당당하라! 배짱이 큰 만큼 성공한다!"

화학섬유로 수출을 이끌다

나는 우리 겨레에게 의복 걱정을 덜어주고자 결심했다.

전쟁의 혼란으로 헐벗은 우리 동포에게 고우면서 싸고 질긴 의복을 입게 하고

부녀자들이 빨래와 바느질의 고생에서 벗어나

편하게 살 수 있는 삶을 누릴 수 있도록 돕기로 했다.

우리 겨레도 이제 옷을 잘 차려입고 밖으로 훨훨 날아가

세계의 다른 나라와 경쟁해서 이겨야 한다.

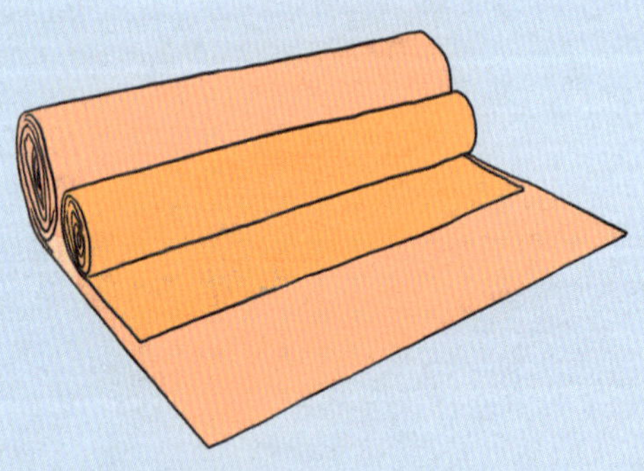

폴리에스테르 시대

손가락 두 개로 세운 공장

이원만은 나일론의 수요가 늘면서 수출도 늘리기 위해서 하루 2.5톤에서 3배를 늘려 7.5톤의 나일론을 생산하기로 했다.

"588만 달러나 필요합니다. 가능할까요?"

임원진들이 걱정했다.

"AID 차관(Act for International Development loan)으로 채워봅시다."

AID 차관은 개발도상국(근대화와 경제 개발이 선진국보다 뒤떨어진 나라)의 경제 개발을 위해 미국에서 오랜 기간 빌려주는 자금 가운데 하나였다.

"개인이 외국에 가서 차관을 받아 온다는 건 하늘의 별따기입니다."

"그래도 한번 해봅시다. 제가 직접 가보겠습니다."

1966년 봄, 이원만은 통역 비서를 데리고 미국 워싱턴에 도착했다. 차관은 정부가 보증하는 것이지만 빌려주는 쪽에 먼저 허가를 받아야 했다. 따라서 돈을 빌리는 사람이 상대를 얼마나 잘 설득하느냐가 중요했다. 이원만은 설득에 있어서는 자신이 있었다. 이원만은 통역을 시켜 차관의 필요성을 전했다.

"한국에서 나일론 원사가 생산되면서 한국 사람들의 의생활에 혁신이 생겼습니다. 우리 회사는 그 혁신을 이끈 회사입니다. 그리고 지금은 점점 더 많은 사람들이 나일론 섬유를 원하고 있습니다. 그 수요를 생각해 앞으로 수출도 하고자 합니다. 그러기 위해서는 공장의 규모를 키워야만 합니다."

AID 차관 측 관계자는 고개를 끄덕였다.

"알겠습니다. 그러나 한국나이롱주식회사는 전에도 미국에서 차관을 받았습니다. 기억하시지요?"

첫 번째 공장을 지을 당시에 받은 자금을 말하는 것이었다.

"우리는 여러 나라에 골고루 차관을 주어 자유민주주의 경제를 부흥시키는 것이 목적입니다. 이미 도움을 준 나라에 다시 도움을 주는 일은 원칙적으로 안 됩니다."

이원만은 마지막에 덧붙인 '원칙적'이라는 단어에 귀가 번쩍 뜨였다. 원칙적으로 그렇다면, 예외도 있을 수 있었다. 용기를 얻어 다시 간청하기 시작했다. 상대는 곤란하다는 표정을 지으면서 받아주지 않았다.

"한국나이롱주식회사는 신용도 있고, 우리는 이원만 씨에게도 호감을 갖고 있습니다. 하지만 지금까지 그런 예가 없으니 어렵습니다. 얼마 전에 인도에서도 이런 비슷한 부탁이 있었지만 받아주지 않았습니다."

"한국과 인도가 같을 수 없습니다. 인도도 미국의 우방이지만, 그 나라는 소련이나 중국과도 언제든 손을 잡을 수 있는 나라입니다. 그러나 남북이 분단된 한국은 다릅니다. 우리는 차관을 얻을 수 있는 곳이 오직 미국뿐이란 말입니다."

상대는 턱만 어루만지고 잠시 고민하는 듯 아무 말도 하지 않았다. 임기응변에 강하고 유머도 풍부했지만, 말이 통하지 않으니 이원만도 별 수가 없었다. 침묵이 흐르고, 시계 초침 소리만 들렸다. AID 차관 관계자는 곧 자리를 뜰 기세였다. 그때, 창밖만 보던 이원만이 갑자기 오른손을 활짝 폈다. 그러고는 주먹을 꼭 쥐었다. 그는 주먹을 테이블 위에 놓고 엄지손가락과 집게손가락의 마디 부분을 구부려 세워 힘겹게 끌어보였다. 상대는 큰 눈을 더 크게 뜨고 이원만의 얼굴과 손을 번갈아 보았다.

"통역해주시오."

이원만이 입을 열었다.

"잘 보셨지요? 당신들이 전에 한국나이롱주식회사에 차관을 주어서 회사가 만들어졌습니다. 하지만 지금의 회사 규모로는 앉은뱅이나 다름없습니다."

정말로 그의 손은 마치 앉은뱅이가 엉덩이를 끌고 앞으로 나가는 것 같은 모양이었다. 이원만은 얼른 엄지손가락과 집게손가락을 펴서 앞으로 성큼 성큼 나아갔다.

"이렇게 서서 걷도록 도와주십시오. 우리는 이렇게 씩씩하게 걷고 싶습니다."

상대는 그제야 모든 상황을 알아차리고 큰 소리로 웃었다.

"바로 대답해드릴 순 없습니다. 당신의 요구를 조금 있을 회의 때 이야기해보겠습니다. 제가 해드릴 수 있는 최선의 방법입니다. 하지만 너무 기대는 마시고, 다만 이것도 특별한 대우라는 건 알아주십시오.”

그는 말을 마치고 방을 나갔다. 이원만은 회의에서 자신의 요구가 받아들여지지 않을까봐 초조했다. 잠시 뒤, AID 차관 관계자가 회의를 마치고 돌아왔다.

이들에게 AID 차관 관계자가 다가왔다.

“회의 결과가 궁금하지 않으십니까?”

“네, 어떻게 되었습니까?”

AID 차관 관계자는 유쾌하게 웃으며 말했다.

“통과되었습니다. 나도 어떻게 설명해야 좋을지 몰라 당신이 보여준 그대로 했더니 이렇게 빨리 결정이 났습니다. 백 마디 말보다 효과적이더군요.”

이원만은 엄지를 치켜들어 상대에게 보였다.

“최고입니다. 멋집니다.”

그리고 검지로 그를 가리켰다.

“모두가 당신 덕분입니다.”

그리고 마지막으로 악수를 청했다. 상대 역시 크게 기뻐하며 그의 손을 꼭 쥐고 성공을 기원했다.

이렇게 해서 1968년 5월 20일에 준공식이 이루어졌고, 한국나이롱주식회사는 하루에 7.5톤을 생산한 수 있는 시설을 마련할 수 있었다. 그리고 이듬해에는 15톤을 생산할 수 있는 공장을 짓게 되었다.

아! 깔깔이

한국나일롱주식회사가 나일론 원사를 활발히 뽑아내고 있을 무렵, 같은 업종 업체인 '선경화섬'이 일본에서 '폴리에스테르'라는 새로운 합섬 원사를 수입해 직조(기계로 천을 짜는 일)해서 호응을 얻기 시작했다. 폴리에스테르는 석유에서 나오는 것인데 상품 이름이자 학술 이름이기도 했다. 일본에서는 이것을 '데토롱'이라고 부르고 미국과 영국에서는 '테리렌'이라고도 했다. '조셋트'라고 하는 그 직물은 우리나라에서는 흔히 '깔깔이'라고 불렸다. 나일론보다 한 단계 더 나아간 복지용 직물이었다. 그런데 그 즈음 깔깔이를 실제로 짜낼 수 있는 곳은 선경화섬뿐이었다. 선경화섬은 이원만의 사업 파트너인 아들 이동찬에게 권했다.

"이 사장님, 이 사장님이 직접 폴리에스틸 원사를 뽑는 게 어떻겠습니까?"

"에이, 하던 일이나 계속하렵니다."

"일본에서 원사를 계속 사오는 것이 귀찮고 돈도 아까우니 우리 같이 해봅시다."

이동찬이 듣고 보니 일리가 있어, 아버지 이원만과 이 일을 논의했다. 이원만은 폴리에스테르사와 그것으로 짠 직물들을 직접 만져보았다. 그가 본 합성섬유 중에서 가장 천연직물에 가까웠다. 땀을 흡수하는 기능, 염색, 감촉 등이 탁월했다.

"아무리 값싸고 편리해도 사람들은 천연 직물에 향수를 느끼고 있다. 몇천 년을 삼과 무명, 명주, 털실을 입고 살았으니 당연한 일이야. 그런데 천

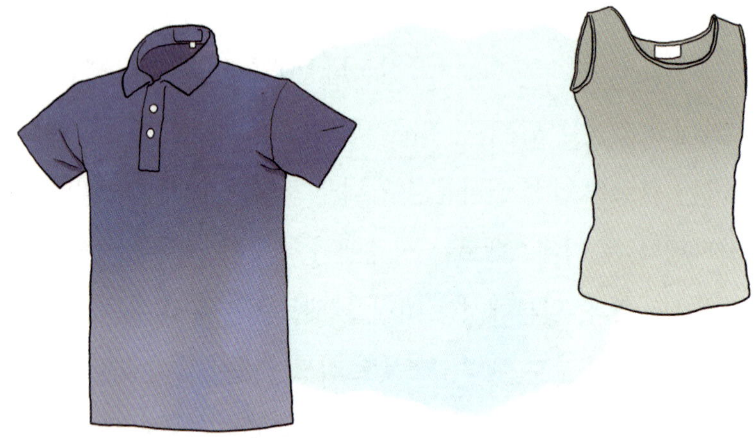

연직물과 비슷하다니…. 아주 좋은 섬유로구나.”

이원만의 허락이 떨어지자 이동찬은 정부에 폴리에스테르 원사를 생산할 공장 설립 허가를 신청했다. 그때까지만 해도 선경화섬이나 이원만 부자도 이 깔깔이가 얼마나 잘 팔릴지 예상하지 못했다.

얼마되지 않아 깔깔이 치마, 깔깔이 블라우스 등등 여성들은 너도나도 깔깔이를 찾았다. 깔깔이는 순식간에 팔려나갔다. 선경화섬은 그야말로 떼돈을 벌었다. 이렇게 되니 폴리에스테르는 한국나이롱주식회사에게 정말 탐나는 물건이었고 선경화섬 측에서는 나누기 아까운 물건이 되어버렸다. 같이 투자해 사업을 하자는 이야기는 조용히 사라지고 말았다. 한국나이롱주식회사가 낸 공장 설립 허가는 계속 미뤄졌다.

알고 보니 선경화섬은 다른 회사의 시설을 넘겨받아 반년 만에 생산 시설을 완전히 갖춰 허가를 먼저 받은 것이다. 결국 한국나이롱주식회사는 애석하게도 폴리에스테르 분야에서 뒤처질 수밖에 없었다.

'아! 깔깔이….'

이원만은 한국 합성섬유 시장의 선두주자라는 자존심에 큰 상처를 입었다.

거북의 꼬리에서 실을 뽑다

이원만은 깔깔이 시장에서 뒤처진 기회를 되찾기 위해 노력했다. 1968년 나일론 원사의 유통 과정을 편리하게 하기 위해서 '코오롱상사'를 세웠다. 다른 한편으로 폴리에스테르 공장을 세울 준비를 했다. 자존심의 회복도 중요했지만 생존을 위해서도 필요한 선택이었다.

나일론은 여전히 그 수요가 많았지만, 쓰임새가 점차 옷에서 어망, 로프 등 산업용으로도 바뀌고 있었다. 의류용 합성섬유로는 폴리에스테르가 주목을 받고 있었다.

"석탄에서 석유의 시대로 넘어온 것처럼, 화학섬유도 석유에서 뽑아낸 것들이 주목 받고 있어. 폴리에스테르 생산까지 해야 살아남을 수 있다."

공장을 짓기 위해 그가 세운 기준은 두 가지였다.

"우리나라 인구는 빠르게 늘고 있는데 농사를 지을 땅은 좁습니다. 그러므로 공장을 짓겠다고 농사지을 땅을 침범해서는 안 됩니다. 그리고 대구와 같은 큰 도시에만 공장이 몰리면 노동력도 한쪽으로만 몰리게 됩니다. 공장은 도시를 벗어나야 합니다.”

그는 일본의 농가가 부유해진 이유가 농산물을 많이 지어서가 아니라, 농가의 자녀들이 공장에 다녀서 수입을 올렸기 때문이라고 생각했다. 그래서 구미에 공장을 지으면 근처 농가들의 소득이 늘 것이라고 기대했다.

공장을 지을 땅을 알아보던 이원만은 후보지로 경상북도를 선택했다. 공장을 지으려면 전력, 노동력, 풍부한 공업용수라는 삼박자가 맞아야 했다. 여기에 교통이 편리하고 대도시가 아니면서 농지도 아닌 곳을 고르려니 딱 맞는 땅을 쉽게 찾을 수가 없었다. 그러다가 최종 후보에 오른 지역은 영천과 구미였다.

“영천에는 강이 흐르고, 철도와 도로가 있고 대구에서도 가깝습니다.”

“구미가 낫습니다. 구미는 낙동강이 옆에 있고 경부선에 닿아 있으니 교통이 편리합니다. 무엇보다 정부에서 이곳에 공업단지를 조성하겠다는 계획을 갖고 있지 않습니까?”

“회장님, 어디가 좋을까요?”

직원들은 이원만의 마지막 결정을 기다리고 있었다. 오랜 생각 끝에 이원만은 지도에서 구미를 가리켰다.

“영천과 구미를 비교할 때 강의 크기로 보나 철도의 수송량으로 보나 여러모로 구미가 낫겠습니다. 또, 김천이나 성주 등에 있는 ‘유휴 노동력(생산 부문에 동원되지 않고 놀고 있는 노동력)’을 활용할 수도 있다는 점도 아주 마음에 듭니다. 우리 거북의 꼬리에서 실을 뽑아내어 봅시다!"

어느 날, 이원만이 구미에 관심이 있다는 소식을 듣고 구미 출신 기업인인 곽태석이 찾아왔다. 전자산업을 하고 있는 재일 동포로, 그도 구미 공업단지에 공장을 세울 준비를 하는 중이라 두 사람은 대화가 잘 통했다.

"제가 공장을 짓기 위해 조사하다가 재미있는 사실을 발견했습니다. 옛날에 일본 사람들이 큰 공업단지를 만들려고 전국을 뒤지다가 최적지로 진남포와 구미를 후보지로 정했었다지 뭡니까? 결국 야산이 많아서 무산되긴 했지만요."

"아하! 그때부터 공업단지 땅으로 주목받았던 곳이로군요."

"이미 알고 계시겠지만 구미는 풍부한 용수와 노동력, 편리한 교통 등 공업단지에 적합한 조건을 갖추고 있습니다. 섬유산업이 발달한 대구와 같이 발전시키기도 좋고, 중국에서 불어오는 모래바람도 지나쳐 간다는 점도 최고입니다."

"나는 폴리에스테르로, 곽 사장님은 전자제품으로 대한민국 수출의 두 날개가 되어봅시다."

공장을 세우는 데에는 30만 평이 필요했다. 살 수 있는 돈이 있더라도, 땅주인이 다 달라서 사들이는 과정도 만만치 않았다. 곽태석은 고민하는 이원만에게 경북지사인 양택식을 찾아가보라고 말했다.

"그분이라면 도와주실 겁니다. 공업단지를 만드는 것에 관심을 갖고 계십니다."

곽태식의 말대로 양택식은 이원만의 계획을 좋아했다. 그 덕분에 이원만은 땅 주인들과 마찰 없이 빠른 시간 안에 30만 평을 사들일 수 있었다. 그들은 땅값을 원래 시장에서 부르는 값보다 조금 더 쳐주니 오히려 기뻐했고 공업단지에 대한 기대까지 내비쳤다.

1971년 3월 18일, '한국폴리에스텔주식회사' 구미 공장이 준공되었다. 준공식에는 인근에서 3만 명의 인파가 몰려들었다. 여기에는 대통령이 직접 방문한다는 사실이 한몫을 했다.

"선산 군민 여러분, 그동안의 수고에 감사를 드립니다. 특히 이 공장은 우리나라 기업인과 일본 기업인이 함께 만든 회사입니다. 도레이 엔지니어링 주식회사와 미쓰이물산이 같이 투자를 했다는 데에 큰 의미가 있습니다."

대통령은 이어서 공장의 필요성, 폴리에스테르가 어떤 것인지 설명하며 공장 건설을 축하하고 칭찬했다. 군중은 우레와 같은 박수를 보냈다. 이원만도 감개무량했다.

그의 말대로 30만 평의 땅에 폴리에스테르 공장을 세웠고 기어이 구미에서 실을 뽑아내었다. 이 공장이 시작점이 되어 구미에는 대규모 공단이 형

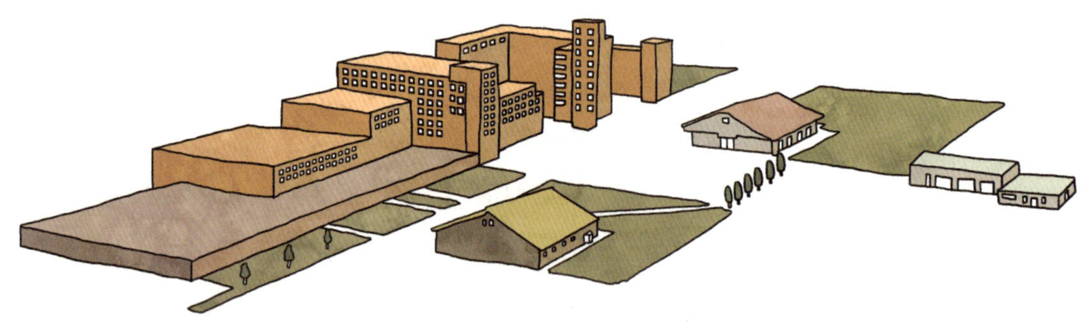

성되었다. 한국폴리에스텔, 제일모직, 제일합섬, 동국방직 등 섬유 관련 대기업을 중심으로 한 섬유산업이 핵심 축이었다. 노동이 많이 필요한 산업이 주변의 일손들을 끌어들이면서 구미에서 농업을 하는 사람들의 비율은 80퍼센트에서 70퍼센트로 줄었다. 곽태석도 곧 도시바(Toshiba, 일본의 전자기기 제조회사)와 힘을 합쳐서 한국도시바를 세워 구미에 전자공업의 문을 열었다. 전자산업은 처음에는 성공할지 의심받았지만, 점점 섬유와 함께 구미산업단지의 중심이 되었다.

구미에 전자산업이 본격적으로 발전한 때는 금성사(LG전자의 전신), 대우전자(동부대우전자 전신), 삼성전자 등이 들어오면서부터다. 대기업이 들어서면서 부품 공장들과 계열사들을 구미 산업단지로 불러왔다. 1973년 78개 사에 불과했던 입주기업들은 6년 만에 207개 사로 2배 이상 증가했다. 지금도 우리 기억 속에 남아 있는 흑백 텔레비전이 주요 수출품이었다.

한국폴리에스텔 구미 공장은 하루에 17.5톤 규모의 방사시설을 갖춘 공장이었다. 당장 그해부터 폴리에스테르 필라멘트사(인조섬유와 같이 긴 것을 몇 가닥 나란히 합쳐서 꼬임을 주어 만든 것) 2,400톤을 생산할 계획이었다. 또 생산량의 60퍼센트를 수출해서 연간 800만 달러의 외화를 벌어들일 계획도 세워두고 있었다. 이원만은 이런 방대한 계획을 완벽하게 실현하기 위해서 회사의 경영진을 미리 강화해두었다. 공장 준공 1년 전인 1970년 3월에 한국나이롱 사장으로 있는 이원천을 한국폴리에스텔 사장으로, 삼경물산과 코오롱상사를 맡고 있던 이동찬을 한국나이롱주식회사 사장으로 발령을 낸 것이다.

구미공단은 국가적 차원에서 거둔 쾌거이기도 했지만 이원만 개인적으로도 큰 보람이자 기쁨이었다. 하루가 다르게 늘어가는 공장들, 그곳을 들락거리는 수많은 트럭들을 바라보는 그의 눈에 '수출 대한민국'이란 말은 더 이상 꿈이 아니었다.

주먹구구도 필요한 이유

한국폴리에스텔 공장이 세워지자마자 이원만은 선거운동에 뛰어들었다. 제7대 대통령 선거가 1971년 4월 27일, 제8대 국회의원 선거가 5월 25일로 미리 정해져 있었기 때문이다. 당시 이원만은 1963년 대구 동구에서 공화당 소속으로 제6대 국회의원에 당선되어 제7대국회의원의 자리도 지키고 있었다. 이원만은 그때 나이가 67세였지만 청년처럼 지칠 줄 몰랐다. 해야 할 일이, 하고 싶은 일이 너무나 많았다.

그는 지난 10년 동안 상공 위원, 농림분과 위원으로 활약하면서 동료 의원들에게 '황당하다'라는 말을 듣기도 했다. 젊어서부터 정치만 한 사람들은 이해할 수 없는 말들을 많이 했기 때문이다.

이원만은 당에 소속되어 있었지만 생각하는 방식에 있어서는 자유로웠다. 그에게는 당론보다 더 중요한 판단 기준이 있었다. 국민이 잘 살도록 하는 것이 가장 큰 목표라면 그것을 위해서는 경제가 잘 돌아가도록 자신이 알고 있는 것, 상상할 수 있는 것을 모두 정치에 나타나게 하는 것이 그가 할 일이었다. 이원만은 정치인들이 기업가들처럼 좀더 침착하고 여유 있고, 긍정적인 생각을 가지고 정책을 세운다면 훨씬 좋은 정치를 할 수 있다고 믿었다.

하루는 어떤 장관이 이원만에게 이런 이야기를 했다.

"공무원은 술을 마셔서는 안 됩니다. 그래야만 청렴결백(淸廉潔白, 마음이 맑고 깨끗하며 욕심이 없음)할 수 있고 일의 능률이 오릅니다. 이것이 정부의 방침입니다."

이원만은 펄쩍 뛰며 그 의견에 반대하고 나섰다.

"술을 못 마시게 하는 게 정부의 방침이라고요? 그건 말도 안 됩니다. 공무원에게 전혀 술을 마시지 말라는 것은 잘못입니다."

"어허, 이 의원님은 술도 한두 잔밖에 못하신다고 들었는데 어찌 이리 펄쩍 뛰십니까?"

"만취해서 추태를 부린다면 문제입니다만, 예부터 내려오는 술 중에 '귀밝이 술'이라고 들어보셨지요? 술을 마셔야 귀가 밝아진다는 말인데 저는 그 말에 동의합니다. 툭 터놓고 하는 말들을 잘 들어야 좋은 행정 방법이 나옵니다. 책만 보고 내놓는 안건은 탁상공론밖에 안 됩니다. 현실을 보지 못하는 탁상공론을 어디에 쓰겠습니까? 장관도 차관도 제일 아래 공무원도 술자리건 어디건 상관하지 말고 국민의 삶을 보고 듣고 정책운영에 반영해야 합니다. 술자리를 가지면 능률이 떨어지고 청렴결백할 수 없다는 고정관념은 버리십시오."

장관은 그의 말에 고개를 끄덕일 수밖에 없었다. 나중에 그 장관은 이원만의 말을 대통령에게 그대로 전했다. 이원만은 자신의 생각을 거침없이 내놓았다. 처음에는 그의 말이 무시되는 듯 했으나 결국 그의 생각은 정책에 쓰였다. '뿌로빵가수'라는 그의 별명이 되어 버린 '프로판가스' 문제도 처음에는 황당한 의견처럼 보였지만, 결국 도입에 성공했었다.

연료 문제뿐만이 아니었다. 시멘트도 그런 예 중 하나이다. 60년 당시에는 시멘트로 전봇대와 집을 만들자는 그의 주장을 이해하거나 편 들어주는 사람이 없었다.

"석탄을 캐는 데 쓰는 갱목(갱도가 무너지지 않게 받치는 나무 기둥)도 시멘트로 해야 합니다. 그래야 산을 보호할 수 있습니다."

"이 의원님, 답답한 소리 마십시오. 그 비싼 시멘트를 어떻게 그렇게 씁니까?"

"시멘트를 많이 생산하면 값이 싸지는 건 당연한 이치입니다. 우리 지하자원 중에서 석회석이 얼마나 많은데요. 석회석이 바로 시멘트 원료입니다. 기름으로 구우면 시멘트는 얼마든지 만들 수 있습니다."

"하지만 시멘트는 철로 밑에는 못 깝니다. 철로 밑에 까는 나무토막은 꿀렁꿀렁 탄력이 있어야 하는 거 아니오? 시멘트는 딱딱해서 안 돼요."

"꿀렁꿀렁이요? 아하, 그건 시멘트 옆의 땅이 꿀렁꿀렁할텐데 뭐가 걱정입니까?"

"저는 전봇대를 시멘트로 만들자는 말이 제일 이해가 안 갑니다. 전봇대는 수리를 할 때 사람이 올라가야 하는데, 창살이 달린 구두로 나무에 올라가야 하지 않습니까?"

"시멘트로 만들 때 올라가기 좋게 귀를 만들면 되지 뭐가 문제입니까? 저는 나무에만 올라갈 수 있다고 생각하는 것이 더 이해가 안 됩니다."

하지만 10년이 지나자 이원만의 주장들은 하나둘씩 현실이 되었다. 그중 유독 호응을 얻지 못한 것이 '산아제한'에 대한 반대론이었다. 산아제한은 인구가 갑자기 늘어나면 먹을 것이 부족하다는 이론에 따라 출산을 제한하는 것이다.

"1966년도 예산 중 40억 원이란 많은 돈이 산아제한을 위해 책정되었습니다. 아니, 그렇게 돈을 들여서 자식을 낳는 것을 막을 필요가 있을까요?"

"우리나라 총 인구가 3,000만 명입니다! 너무 많아요."

"엄청난 돈을 들여서 그런 일을 할 것이 아니라 남는 노동력을 쓸 수 있는 경제정책을 수립해야 한다고 생각합니다."

"경제가 발달한 선진국 프랑스에서도 산아제한을 합니다."

"자식을 많이 낳는 것을 막는 이유는 먹이고 입힐 것이 없으니까 그렇겠지요. 그러니까 경제정책으로 먹을 것을 많이 만드는 게 답인 것 같습니다. 가족계획 사업을 추진할 돈으로 공장을 하나 더 세워서 한 명의 실업자라도 더 구합시다. 자식을 더 낳고 안 낳고는 각자 알아서 정할 일입니다. 국가가 나서서 뱃속의 생명을 죽이는 법을 정하겠다는 주장은 천륜을 무시하는 것이기도 합니다."

그의 주장은 경제인으로서 갖는 자신감에서 나오는 말들이었다.

선거운동을 시작하기 바로 전에도 그런 예를 보여주는 사건이 있었다. 1971년은 정부의 제2차 경제개발 5개년계획이 행해지는 마지막 해였는데,

경제기획원 장관과 이원만은 수출 금액에 대해 서로 다른 생각을 가지고 있었다. 경제기획원 측은 5억 5,000만 달러로 잡자고 했고, 이원만은 14억 달러로 하자고 주장했다. 이원만은 폴리에스테르 상품으로 많이 수출할 자신이 있었다.

"활을 잘 쏘려면 과녁을 멀리 두고 연습을 많이 해야 합니다. 과녁을 멀리 두었을 때와 가까이 두었을 때는 힘을 주는 게 다릅니다. 가까운 거리에 두고 활을 쏠 때는 있는 힘도 덜 내게 마련입니다. 백 보 앞의 것을 맞추기 위해서는 백오십 보 앞이라는 각오로 쏘아야 과녁을 맞힐 수 있어요. 우리나라의 수출 목표액도 적게 잡지 말고 많이 잡아야 그것을 거뜬히 돌파할 수 있다는 말씀입니다."

"나 원 참, 이 의원님, 그렇게 주먹구구식으로 이야기할 문제가 아닙니다."

"14억 달러에도 다 근거가 있습니다. 행정부에서 수출액을 계산한 것을 보면 상공회의소, 생산성본부, 무역 협회에서 나오는 자료를 기초로 삼습니다. 그 숫자는 지난해 실적과 새해 전망을 합한 것 아닙니까? 그런데 이제 생각하지도 않았던 공장이 들어서고 있습니다. 그러면서 수출품들이 늘어날 것입니다. 전자제품이 그렇고 조선이 그렇고 철강 제품들이 생산될 것입니다. 무에서 유가 나오니 100퍼센트 수출이 늘어납니다."

결국 경제기획원 장관은 이원만이 생각하는 문제점을 대통령에게 그대로 전했다. 이원만도 지지 않고 대통령에게 자신의 생각을 이야기했다.

"목표를 잡는 데는 물론 합리적인 숫자기 필요하지만 때로는 주먹구구도 필요합니다. 꿩이 푸드덕 날아가는데 이것을 쏠 때, 꿩을 맞추려고 거리를 계산하고 있을 시간이 있습니까? 대충 눈으로 보고 빨리 총을 쏘아야지요. 목표를 의욕적으로 높게 세워 그것을 향해 온 힘을 다하면 그 목표를 이룰 수 있을 것입니다.”

이원만이 강하게 주장하자 정부는 결국 13억 5,000만 달러로 수출 목표액을 정했다. 그런데 실제로 그해 한국의 수출액은 13억 5,000만 달러에 이르렀다. 수출이 늘어나기 시작하면서 매년 아주 많은 돈이 들어올 것이라는 이원만의 생각이 딱 맞은 것이다.

질기고 강한 나일론처럼

대통령 선거에서는 박정희가 다시 승리했다. 하지만, 국회의원 선거는 쉽지 않은 싸움이었다. 야당의 후보들이 강했고, 신민당의 김정두 후보는 유권자들에게 젊음과 패기를 호소하기도 했다.

“이원만 씨는 나이가 너무 많습니다. 이제는 물러나야 합니다. 국회에는 저처럼 젊고 능력 있는 사람이 필요합니다.”

이원만은 노익장을 과시하며 받아쳤다.

“정치인에게는 경험이 중요합니다. 경험이 없으면 잘못을 저지르기 쉽습니다. 김정두 후보는 제 나이가 너무 많다고 하는데, 저는 아직 거뜬합니다.”

그러나 투표 결과는 실망스러웠다. 국회의원에서 떨어졌다. 이원만뿐만 아니라 대구의 같은 당 의원들 모두 낙선했다.

"의원님이 동대구를 위해서 얼마나 혼신의 힘을 다했는데, 이렇게 냉정하게 야당으로 돌아서다니…. 유권자들이 너무합니다."

선거 운동원들은 눈물을 흘렸다.

"아니야, 나는 3번이나 의원으로 당선돼 지내면서 10년 동안 일했어. 다른 사람에게도 기회를 줘야지."

그는 오히려 선거 운동원들을 다독였다. 하지만 내심 서운함이 컸다. 그는 곧 서울행 기차에 올랐고, 오랜 친구인 이정림을 찾았다.

"마음고생이 심했지요? 훌훌 털고 바람이나 쐽시다."

이정림은 그를 데리고 전라북도 내장사로 여행을 떠났다.

"패배란 어떤 경우라도 가슴 아프지만, 선거에서의 패배는 가장 아픈 것 같습니다."

이원만은 친구와 함께 떠난 여행에서 마음이 약해졌다. 때때로 왈칵 울음이 터질 것 같은 표정을 짓기도 했다. 그러나 자연과 우정이 약이었다. 여행을 마치고 돌아올 쯤에는 이원만의 몸과 마음이 점점 회복이 되었다.

'나는 청년 시절에 꿈꾸던 정치인이 되어 10년 동안이나 소신껏 일했다. 내가 주장한 농공 병진(농업과 공업이 함께 발전), 수출 증대, 외화 획득, 공업단지 조성 등이 결실을 보았고, 그것을 기반으로 우리나라는 무한히 발전해 나갈 것이다. 이만하면 되었어.'

돌아온 이원만은 기업을 다시 정비했다. 1972년 5월, 경쟁력을 키우기 위해서 주력 기업인 한국나이롱과 한국폴리에스텔을 통합했다. 그러면서 그는 회장에서 명예회장으로 물러났다. 한국폴리에스텔 사장이었던 이원천이 회장에, 한국나이롱 사장이던 이동찬은 사장에 각각 취임했다. 이동찬은 사장에 취임하면서 포부를 밝혔다.

"나일론은 1963년 2.5톤의 원사 공장을 세운 이래로 오늘날 약 28톤을 생산하면서 10배 이상 성장했고, 폴리에스테르는 약 20톤의 생산력을 가진 공장이니 모두 합쳐서 약 50톤 생산을 하고 있습니다. 이처럼 한국나이롱주식회사는 비약적인 성장을 해왔습니다. 그러나 70년에 접어들면서 수입산업으로부터 수출산업으로 옮겨가면서 국내 기업이 국제 무대에서 치열한 경쟁을 하게 되었습니다. 다시 말해서 양쪽 회사 모두 국제 무대에서 경쟁하기에는 그 체질이 취약합니다. 우리는 앞으로 겉으로 보이는 고도성장보다 내실과 안정을 위주로 기술 향상 및 경영 합리화에 중점을 두어야 합니다. 오늘 두 회사의 통합은 그런 경영 합리화를 위한 하나의 커다란 전환점인 것입니다."

그로부터 몇 년 뒤 두 회사를 합친 회사의 이름을 '코오롱'이라고 정한 뒤 이원만은 잠시 회장직에 있다가 1977년에 아들 이동찬에게 회장 자리를 물려주었다. 이원만은 아들에게 고마웠고, 기대하는 바도 컸다. 그는 오래 전부터 그를 후계자라기보다 경영 동료로 인정하고 있었다. 이동찬이 회사를 이어받은 후 코오롱은 나일론 등 섬유산업을 뿌리로 삼고 무역, 건설, 석유화학, 관광·운수까지 골고루 사업을 뻗어 나아갔다.

회사의 경영을 위해 이원만도 힘을 보탰다. 달마다 열리는 사장단 회의는 물론이고 주식회사코오롱, 코오롱상사, 코오롱건설 등 핵심 3사에 대해서 매월 한 번의 정기 이사 회의에 참석했다.

은퇴 후에도 코오롱을 응원하던 이원만은 1994년 2월 14일, 향년 91세로 생을 마감했다.

꿈을 쫓아 일본으로 떠났던 풍운아, 눈에 보이는 무엇이든 돈으로 바꿀 줄 알았던 아이디어 뱅크, 당당한 부자로 살았던 이원만에게는 그해 금탑산업훈장이 추서(죽은 뒤에 관등을 올리거나 훈장 등을 줌)되었다.

국가산업 발전에 기여한 공로가 뚜렷한 사람에게 주는 이 훈장은 기업가로 정치가로 국가를 위해 산 이원만의 업적을 기리기에 충분했다. 질기고 튼튼한 나일론을 한국에 처음 들고 와 대한민국의 의생활의 혁신을 일으킨 그의 마음은 금빛 훈장처럼 오래도록 반짝일 것이다.

유머는 리더들의 공용어다!

미국의 유명한 정치인들은 유머감각이 뛰어납니다. 가장 존경받는 대통령으로 꼽히는 링컨도 그렇습니다. 한 야당 의원이 의회에서 링컨에 대해 두 얼굴을 가진 이중인격자라고 비난하자 링컨은 비난에 흥분하지 않고 침착하게 말했습니다.

"내가 두 얼굴을 가졌다면 하필이면 왜 이 못난 얼굴을 들고 여기 나왔겠습니까?"

최초의 흑인 대통령인 버락 오바마의 유머감각도 대단합니다. 오바마가 대통령에 다시 당선되고 나서 백악관 출입기자단 정례 만찬 때 있었던 일입니다. 그는 음악에 맞춰 몸을 움직이며 등장했습니다.

"여러분, 감사합니다. 저의 새로운 입장곡이 마음에 드세요? 집권 2기를 위해 무언가 노력해야겠다 싶었고, 고민 끝에 나의 아내인 미셸의 비법을 빌리기로 했습니다."

사람들은 무언가 대단한 것이 준비되었나 보다 기대하며 숨을 죽였습니다. 그리고 마침내 그가 보여준 것은 2기 취임식 당시 일부 패션가들로부터 혹평을 받았던 부인 미셸 오바마의 헤어스타일에 자신의 얼굴을 합성한 사진이었습니다. 만찬에 참가한 정관계 인사와 각계 유명 인사 3,000명이 웃음을 터뜨렸습니다. 권위주의적인 태도를 벗고 국민과 소통하려는 의지를 유머에 녹여낸 것입니다.

이원만에게도 풍부한 유머 감각이 있었습니다. 그런 유머 감각으로 동료 의원들의 마음을 열었고, 유권자들에게 자신의 생각을 전했습니다. 심지어 곤경에 처했을 때에도 유머를 통해 극복해냈습니다. 때로는 유머 한 마디가 몇 시간의 설득과 웅변보다 강한 힘을 발휘하기도 합니다. 여러분이 하고자 하는 중요한 말, 훌륭한 생각들에도 '유머'라는 날개를 달아보면 어떨까요?

3. 이원만 할아버지, 질문 있습니다!

일본에서 천한 조선 사람이라는 설움을 받으며 신문 배달부에서 시작해 합성섬유로 한국을 대표하는 기업가가 된 이원만! 한국을 부유하게 바꾸겠다는 자신이 가득했던 경제인이었고, 기업가 정신을 바탕으로 수출로 나라를 잘살게 만들겠다는 야심이 가득했던 정치인이었다. 땅벌처럼 비상하여 두 가지 꿈을 이룬 이원만이 다시 돌아온다면 우리의 질문에 과연 어떤 답을 해줄까?

할아버지의 호가 오운(五雲)이라고 들었습니다. 그 뜻은 무엇인가요?

'오색구름'을 뜻합니다. 오색구름이 바다를 건너가는 것을 보았다는 어머니의 태몽에서 비롯된 이름입니다. 그런데 한번은 선거에서 맞붙게 된 상대 후보가 이런 연설을 한 적이 있습니다.

"이원만 씨는 호가 오운이라서 그런지 구운몽 같은, 뜬구름 잡는 소리를 하고 있습니다. 참으로 허황된 공약이며 인기를 얻으려는 말에 불과합니다. 여러분, 뜬구름 잡는 이야기를 곧이듣지 마십시오!"

그 말을 듣고 껄껄 웃었던 기억이 납니다. 뜬구름이라면 허황되고 실천하지 못할 공약이라는 말인데, 저는 제가 한 말은 꼭 지켜냈습니다. 그리고 뜬구름도 산에 오르면 잡힙니다. 산에 오르지도 않고 아래서 잡을 수 없다고 떠들어대는 사람들이 어리석은 것 아닐까요?

좌우명은 무엇인가요?

저의 좌우명은 '공명정대(公明正大)'입니다. 하는 일이나 태도가 사사로움이나 그릇됨이 없이 정당하고 떳떳해야 한다는 뜻입니다. 경제인으로서, 또 정치인으로서 꼭 지켜야 할 덕목이라고 생각합니다.

'코오롱'이라는 이름은 어떻게 지었나요?

한국에 스트레치 나일론사 가공 공장을 세우면서 '한국나이롱(Korea Nylon)주식회사'를 만들었습니다. 이때의 영문 이름 Korea에서 'Ko'를, Nylon에서 'lon'을 따서 합쳐 'Kolon'이 탄생했습니다.

코오롱을 경영할 때 가장 중요하게 생각한 것은 무엇인가요?

회사가 잘되려면 모든 임직원이 한 식구처럼 서로 사랑하는 분위기여야 합니다. 우리가 한 지붕 밑에서 같은 작업복을 입고 일하고 먹고 즐기는데 그것이 어찌 한 가족이 아니겠습니까?

저는 예전에 공장에 들를 때마다 손자, 손녀 같은 수백 명의 사원들 사이에 끼어서 식사하곤 했습니다. 이때 양 옆에 둘러앉은 사원들이 밥을 맛있게 먹는 모습이 내 눈에는 더 없이 든든하고 흐뭇했습니다. 그때마다 저는 '우리 코오롱을 더욱더 발전시켜서 이 아이들을 더욱 살찌게 하고 더 잘살게 해줘야겠다'라고 다짐했습니다. 우리 회사에는 특히 나이 어린 여직원들이 많았는데 부모 같은 마음으로 보살피고, 교육시켜 교양 있고 아름다운 여성이 될 수 있도록 여러 가지 복지 혜택을 주었습니다.

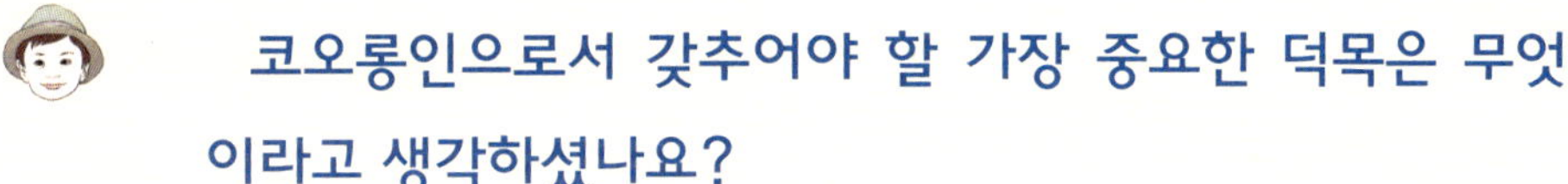

코오롱인으로서 갖추어야 할 가장 중요한 덕목은 무엇이라고 생각하셨나요?

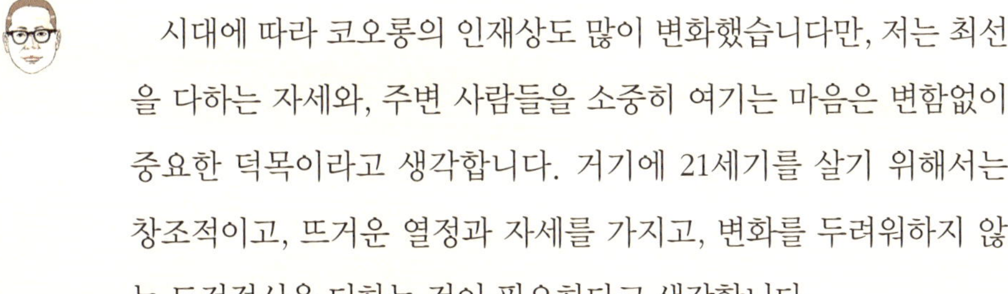

시대에 따라 코오롱의 인재상도 많이 변화했습니다만, 저는 최선을 다하는 자세와, 주변 사람들을 소중히 여기는 마음은 변함없이 중요한 덕목이라고 생각합니다. 거기에 21세기를 살기 위해서는 창조적이고, 뜨거운 열정과 자세를 가지고, 변화를 두려워하지 않는 도전정신을 더하는 것이 필요하다고 생각합니다.

 **기업가를 꿈꾸는 사람들에게 어떤 사업을 권해주고 싶으신가요?**

 제가 늘 하던 이야기가 있습니다. 수평선을 그어보면 수평선 위는 상(上), 아래는 하(下)라고 할 수 있습니다. 그럼 가장 위는 상지상(上之上) 가장 아래는 하지하(下之下)라고 칩시다.

'상지상'의 사업은 국가도 잘되고 자신도 잘되는 사업입니다. 첫째로 수출사업이 그것입니다. 자신의 머리를 짜고 연구해서 수출품을 만들어 수출한다면 외화 획득으로 국가에 도움이 되고 나 자신도 이익을 얻기 때문입니다.

반대로 '상지하'의 사업은 나라는 잘되지만 자신에게는 득이 없는 것입니다. 국가가 잘되면 결국 자신의 성공이라고 볼 수 있지만, 수지가 맞지 않으니 완전한 성공이 아닙니다. 예를 들면, 적자 수출 같은 것입니다.

'하지상'은 나라는 망치고 자신만 잘되는 사업입니다. 밀수, 부정식품, 유해식품 등을 만드는 것이 다 여기에 속합니다.

저는 제 자신이 했던 섬유 사업들이 상지상에 속하는 사업이라고 자부합니다. 첫째는 막대한 외화를 벌어들였고, 외화를 절약했고, 고용을 늘려 실업자를 구제했습니다. 둘째는 합성섬유 제품들은 질기고 경제적인 데다가 편리해 여성들의 노동을 줄여주었습니다. 여기에 회사에도 이윤이 남으니 틀림없는 상지상의 사업입니다. 뭘 모르는 고루한 사람들이 기업가가 돈을 버는 것을 시기해서 모리배라고 하는데, 기업가가 이윤을 남기는 것은 당연한 일이고 그것이 국가의 이익으로 이어지면 상지상의 사업인 것입니다.

고난을 극복할 수 있게 한 힘 또는 믿음은 무엇인가요?

저는 일본에서 두 번째로 돌아왔을 때 깜짝 놀랐습니다. '모두들 못살겠다는 말뿐이니 웬일일까? 절약하는 길만이 단 하나의 살길이라면 앞으로는 굶고 벗고 굴 속에서 살자는 것인가! 자신이 있다는 사람도 일을 성공할까 말까 한데, 자신 없는 소리만 되풀이하면 어찌되겠는가?' 하고요.

특히 정치가들이 생각을 바꾸어야 한다고 느꼈습니다. 내가 보기에는 잘살 수 있는 길이 얼마든지 있었습니다. 많은 실업자도 비관적으로만 볼 것이 아닙니다. 오히려 유휴노동력을 잘 활용하면 세계의 공산품 시장에 진출할 수 있는 무기가 됩니다. 우리 겨레의 두뇌와 솜씨는 세계 최고이니까요.

지금 못산다고 해서 미래도 비관적으로 내다보는 사람은 결코 성공할 수도, 사회 지도층이 될 수도 없습니다. 잘할 수 있다는 신념을 가지고 그 방법을 찾아야 합니다. 내게는 언제나 그런 믿음이 있었습니다. 그런 믿음이 항상 좋은 결과를 가져왔습니다.

목표를 높게 잡는 이유는 무엇인가요?

　활을 잘 쏘려면 과녁을 멀리 두고 연습을 많이 해야 합니다. 과녁을 멀리 두었을 때와 가까이 두었을 때와는 힘을 주는 게 다릅니다. 다시 말해서 가까운 거리에 두고 활을 쏠 때는 있는 힘도 덜 낸다는 말입니다. 백보 앞의 것을 맞히기 위해서는 백오십 보 앞이라는 각오로 쏘아야 과녁을 맞힐 수 있습니다. 우리나라의 수출 목표액도 높이 잡았더니 그것을 거뜬히 돌파할 수 있었습니다.

건강과 장수의 비결이 따로 있으셨나요?

　비밀이 있으면 마음의 병이 됩니다. 무엇이든지 감추지 말고 털어놓아야 합니다. 이것이 건강의 비결입니다. 또, 다른 비결은 주변을 잘 웃기고 자기도 잘 웃어야 합니다. 옛날에는 우스갯소리를 하면 실없는 사람이라고 생각하며 점잖아야 존경받을 수 있다고 믿었지요. 하지만 나는 그렇게 생각하지 않습니다. '점잖다'라는 것은 '젊지 않다'라는 뜻과 같습니다. 사람은 나이가 들수록 더 젊어지려고 노력해야지요. 웃으면 걱정을 잊게 되고 의욕이 왕성해지고 소화가 잘됩니다. 웃음 속에 남과 융화되고 희망이 솟아오릅니다.

표어에 당선되고, 나일론을 만났던 것은 할아버지 인생에서 대단한 사건이었습니다. 할아버지가 남들보다 특별히 운이 좋았던 것은 아닐까요?

'운'에는 두 가지 종류가 있습니다. '요행'과 '행운'입니다. 나는 사는 동안 요행은 없었지만 행운은 얻었습니다. 그렇다면 요행과 행운의 차이는 무엇일까요? 유명한 지휘자인 토스카니니는 원래 첼로 연주자였습니다. 그런데 심한 근시라서 남들처럼 악보를 볼 수가 없었기 때문에 모든 파트의 악보를 외워서 연주회에 나갔습니다. 그러던 어느 날 지휘자가 몸이 아파서 갑작스럽게 병원에 입원하고 말았습니다. 그 많은 오케스트라 단원들 중에서 그날 연주할 악보를 모두 외우고 있는 사람은 오직 토스카니니뿐이었습니다. 열아홉 살의 나이로 그는 임시 지휘자가 되어 단상에 서는 기회가 생겼고, 그것이 그를 세계적인 지휘자로 만든 계기가 되었습니다. 모든 오케스트라 단원들에게 지휘자의 기회가 있었지만, 토스카니니만이 행운을 누렸습니다. 이것이 행운과 요행의 차이가 아닐까요? 열심히 노력하고 준비하는 자만이 행운을 거머쥘 수 있습니다. 행운은 결코 눈 먼 장님이 아닙니다.

기업가 정신으로 일군 수출 대한민국

해마다 우리나라에서 세계 한상대회가 열린다. 이 대회는 나라 밖에 있는 우리 동포 경제인들과 나라 안에 있는 경제인들이 함께 사업 계획을 나누는 모임이다. 여기에 참가하는 기업가들은 다른 나라에서 열심히 노력해서 '이방인'이라는 유리천정을 깨고 성공을 거둔 사람들이다. 해외에서 성공한 사업가는 보통 사람들에게 존경과 부러움의 대상이다.

그런데 유독 재일 동포에게는 편견을 가진 사람들이 있다. 재일 동포 사업가들은 일본 사람들에게는 '조센징'이라고 차별을 받으며 경쟁에서 살아남아야 했다. 그런데 한국에서조차 일본에 살고 있다는 이유로 '반쪽발이' 또는 돈이 많다고 '돈포'로도 불리며 숱한 설움을 겪어야 하니 참으로 억울한 일이다.

이원만은 지난 역사 속에서 이러한 아픔을 겪은 세대였다. 그러나 그는 포기하지 않고 불굴의 의지와 도전정신, 하면 된다는 믿음, 조국을 향한 사랑으로 편견을 이겨냈다. 일본에 살고 있는 경제인들을 모아 이치에 맞지 않은 관행은 고치고, 존경받는 기업가로 살도록 도왔다.

이원만은 혼자 재물을 쌓는 것에서 만족하지 않고, 국가의 미래가 부유해지기를 고민했다. 그 방법을 찾기 위해 다양하고 많은 생각을 냈다. 결국 사람들은 사투리 억양, 일본식 발음에도 진심과 유머가 담긴 그의 이야기에 빠졌고, 솔직담백한 인간성에 마음을 열었다. 그의 독특한 생각에 박수를 보내고, 힘을 실어주었다. 덕분에 이원만은 화학섬유로 '수출 대한민국'을 만들 수 있었다.

나일론으로 시작한 코오롱은 여러 분야로 영역을 넓혀왔다. 지주회사인 코오롱을 중심으로 화학, 섬유, 자동차소재, 전자재료, 건설, 환경, 바이오, IT 등에서 전문화된 사업을 영위하며 투명하고 책임 있는 경영으로 내실 있는 성장을 이어나가고 있다.

해외 시장에서도 글로벌 역량 강화를 통해 지속적으로 시장을 넓혀나가고 있다. 계열사로는 코오롱인더스트리, 코오롱글로벌, 코오롱생명과학, 코오롱패션머티리얼, 코오롱베니트 등이 있다.

그가 세상을 떠난 지 20년 가까이 되었지만, 코오롱은 '국가와 개인 모두에게 이익을 내는 사업을 하자'는 창업주 이원만의 정신을 이어받아 대한민국 경제의 큰 기둥 역할을 해내고 있다.

이 책을 읽는 동안 독자들이 경제인, 정치인으로서 두 가지 역할을 성공적으로 잘해낼 수 있었던 이원만의 독특한 기업가 정신을 발견하기를 바란다. 더불어 이 책을 모두 읽고 나서 신소재 아웃도어 의류나 구로 디지털단지, 구미 산업단지 등에서 이원만과 1970~1980년대 기업가들의 열정을 추억할 수 있다면 저자로서 큰 기쁨이 될 것이다.

오운 이원만 회장 연보

한·일 의정서 체결
베델·양기탁, 대한매일신보 창간
제1차 한·일 협약 체결

헤이그 특사 파견
신민회 조직
국권 회복을 목적으로 조직한 항일 비밀 결사

일본, 동양척식주식회사 설립
한국의 경제를 독점·착취하기 위해 설립한 국책 회사

1904

1907

1908

9월 7일, 경북 영일군 출생

토지 조사 사업 시작
일제가 토지와 함께 한국인의 동정을 살피어 식민 통치를 용이하게 하고, 재원을 확인하여 수탈의 기반을 마련하기 위해 벌인 대규모 국토 조사 사업

흥사단 조직
안창호 등이 인재양성을 통한 독립을 위해 미국에서 조직한 민족운동단체

대한 광복군 정부 수립
이상설 등이 무장 독립의 발판을 삼기 위해 러시아에서 조직한 임시정부

1912

1913

1914

나철, 대종교 창시
우리나라 고유의 민족 종교

안중근, 이토 히로부미 사살

1909

국권 피탈
일제의 침략으로 대한제국이 국권을 상실

조선총독부 설치
일제가 식민통치 및 수탈을 하기 위해 우리나라에 설립한 기관

1910

105인 사건
일본총독부가 암살 미수 사건을 조작하여 105인의 독립운동가를 감옥에 가둔 사건

1911

일제강점기
1910년의 일제에 의한 국권 강탈 이후 1945년 해방되기까지 35년간의 시대

1915

3·1운동
일제의 폭압적인 식민지 지배에 맞서 전 민족이 일어난 항일독립운동

대한민국 임시정부 수립
우리나라 광복을 위해 중국 상하이에서 조직하여 선포한 임시정부

1919

어린이날 제정

1922

광주학생항일운동
광주에서 시작해 전국에서 벌어진 학생들의 시위운동으로 3·1운동 이후 가장 큰 규모의 항일운동

김구, 한인애국단 조직
대한민국 임시정부가 일본의 주요 인물 제거를 목적으로 상하이에서 만든 항일독립운동 단체

이봉창, 일왕에 폭탄 투척
윤봉길, 상하이 홍커우 공원에 폭탄 투척

1929   1930   1931   1932

경북 영일군 산림 기수보

한글 교육 금지
일본이 시행한 민족말살 정책의 하나

한국 광복군 창설
중국 충칭에서 조직한 대한민국 임시정부의 군대

대한민국 임시정부 건국 강령 발표, 대일 선전포고

1937   1938   1940   1941

아사히피복주식회사 설립

일본대학 중퇴

한글맞춤법통일안 제정
1933년 조선어학회가 제정·공표한 국어정서법 통일안

손기정, 베를린올림픽 마라톤 우승
일제 강점기에 올림픽에 나가 가슴에 일장기를 단 채 우승

1933　　　　　1935　　　　　1936

아사히공예주식회사 설립

조선어학회 사건
민족말살 정책에 대항하여 한글 연구를 하던 조선어학회 회원을 일본이 탄압·투옥한 사건

8·15광복
우리나라가 일제의 식민 통치에서 벗어나 자주독립함

유엔한국임시위원단 구성
5·10총선거의 공정한 감시 및 관리를 위해 조직한 유엔 산하의 임시기구

1942　　　　　1945　　　　　1947

경북기업주식회사 인수

제주도 4·3사건
미군정 체제의 사회 문제와 남한 단독정부 수립에 반
대하는 과정에서 제주도에서 일어난 민중항쟁

여수·순천사건
일부 군인들이 제주도 4·3사건 진압 출동을 거부하
고 대한민국 단독 정부를 저지하려고 일으킨 사건

5·10총선거 실시
우리나라 제헌국회를 구성하기 위하여 남한에서만
실시한 국회의원 총선거

대한민국 헌법 공포
대한민국 정부 수립
이승만 대통령 취임

1948

1949

재일 한인 경제동우회 창립,
부회장 취임

한글학회,
우리말 큰사전 완간
한글학회에서 엮어 을유문화사
에서 간행한 대규모 국어사전

4·19혁명
1960년 4월 자유당 정권이 개표
를 조작하자, 부정선거 무효와
재선거를 주장하며 학생들이 중
심이 되어 일으킨 혁명

1957

1958

1960

한국나이롱주식회사
설립

재일 한국인 경제인연합회
회장 취임

참의원 당선

한국전쟁 발발
남한과 북한 사이에 벌어진 대규모 전쟁, 6·25전쟁이라고도 함

농지개혁 실시

한국전쟁 휴전
1인당 국민소득(GNI) 67달러

1950 — 1951 — 1953 — 1954

삼경물산주식회사 설립

개명상사 설립

5·16
박정희의 주도로 일부 군인들이 제2공화국을 무력으로 무너뜨리고 정권을 장악한 사건

서울 텔레비전 방송국(KBS) 개국

제1차 경제개발 5개년계획 실시
국민경제 발전을 위해 5년 단위로 추진한 경제계획

박정희 대통령 취임

1961 — 1962 — 1963

한국수출산업공단 창립위원회 위원장

제6대 국회의원 당선

제2차 경제개발 5개년
계획 실시

국민교육헌장 선포
당시 대한민국 교육의
지표를 담은 헌장

새마을운동 시작
1970년부터 시작한 범국민적
지역사회 개발운동

1967

1968

1970

구로 한국수출산업공단 완공,
대통령 유공표창 수상
제 7대 국회의원 당선

삼경개발주식회사 설립

제4차 경제개발 5개년
계획 실시
수출 100억 달러 달성

자연보호헌장 선포
자연을 보호하기 위한 범국민적
다짐을 밝힌 헌장

1976

1977

1978

코오롱그룹회장 취임

코오롱그룹 명예회장
취임

제3차 경제개발 5개년계획 실시

7·4남북공동성명
남북한 당국이 국토 분단 이후 최초로 통일과 관련하여 합의·발표한 역사적인 공동성명

서울 지하철 1호선 개통

1972

1974

1975

한국나이롱, 한국폴리에스텔 명예회장 취임

삼경국제관광주식회사 설립

삼경건설주식회사 대표이사 취임

1인당 국민소득(GNI) 1만 달러 돌파

10·26사태
중앙정보부 부장 김재규가 대통령 박정희를 살해한 사건

12·12사태
신군부 세력이 군부 내 주도권을 장악하기 위해 일으킨 군사반란

5·18민주화운동
전라남도 및 광주 시민들이 계엄령 철폐와 전두환 퇴진, 김대중 석방 등을 요구하며 벌인 민주화운동

KBS, 컬러 텔레비전 첫 방영
전두환 대통령 취임

수출 200억 달러 달성

1979

1980

1981

오운문화재단 이사장 취임

KBS, 이산가족찾기 시작

서울아시아경기대회
서울에서 열린 아시아인의
국제종합경기대회

6월민주항쟁
전두환 대통령이 '4·13호헌조치'
를 발표한 후, 전국적으로 확산된
민주화운동

1983

1986

1987

김영삼 대통령 취임

금융실명제 실시
금융 거래의 투명성을 확보하여 금융
의 경제성과 효율성을 높이고 과세
형평을 이룰 목적으로 모든 거래를
실소유주 명의로 행하도록 한 제도

1993

1994

2월 14일, 별세
금탑산업훈장 추서

24회 서울올림픽 개최
'화합·전진'이라는 구호 아래, 전 세계 160개국이 참가하여 올림픽 사상 최대 규모로 진행, 우리나라는 종합 4위를 차지함. 전 세계에 우리나라를 알리는 계기가 됨

남극세종과학기지 준공
남극 킹조지 섬에 건설한 한국 최초의 남극과학기지

남북한 유엔 동시가입
제46차 유엔총회에서 남북한이 각각 독립된 국가의 자격으로 유엔에 가입, 이로써 남북한의 국제적 지위 향상

국내 최초의 인공위성 우리별 1호 발사
이로써 우리나라는 세계에서 22번째 인공위성 보유국이 됨

중국과 국교 수립

1988   1991   1992

《나의정경 50년》, 이원만, 주식회사 코오롱

《벌기보다 쓰기가 살기보다 죽기가》, 이동찬, 도서출판 전원, 1992

《창업주 DNA서 찾는다》, 아시아경제신문, FKI미디어, 2010